朱嘉偉

不 怕 從 零 開 始

與他的 GO 車誌

CHAPTER **那些年少輕狂的日子** *7*

CHAPTER **2** 我在一手車訊的十七個年頭
47

CHAPTER **3**　Go 車誌：台灣汽車媒體的奇蹟

95

CHAPTER **4** **有話直說真經驗** *143*

那些
年少輕狂的日子

1 CHAPTER

▶ 出生富裕的家庭、自由的教育環境，
讓我不畏懼挑戰，擁有放膽去闖的勇氣。
送牛奶、西餐廳服務員、演藝圈的宣傳，
甚至是計程車司機⋯⋯這些豐富的經歷也造就今天的我。

Honda CR-V 與 Fit
——我的日常用車

　　我擁有過三輛CR-V（2.5、3.5與4代）以及第一代Fit（台灣上市版本），這幾輛車陪伴我的時間加起來超過十年，但我們先來聊聊CR-V。

　　從車尾有備胎到沒有，從上置式排檔桿到傳統位置，CR-V的越野風格愈來愈低，都會風格愈來愈強烈，但不變的是本田產品給駕駛者的駕馭特性，從座椅、轉向、引擎調校到行車路感，就算每一代的CR-V都有著很大的改變，但依舊非常的本田。不過老實說！我還是比較喜歡以前背著備胎的CR-V。

　　在擁有CR-V的期間，中間的空檔我擁有過五年多的Fit，它有不輸SUV的空間機能，非常靈活的車身，以及保養方便、便宜的養車過程，

更重要的是非常容易取得的改裝套件，一直到今天為止，當初那輛Honda Fit，是我唯一會開去10元投幣式洗車場的車，每天把它弄得乾乾淨淨的，心情就特別好。

不論是CR-V還是Fit，當了十多年的本田車主，每一輛Honda我都在原廠保養，而去保養廠也就只是保養，這段日子從來沒有發生任何的車輛故障，也沒有任何的保固索賠。它們很盡責地陪我走過每一段路，到達每一個目的地；甚至連脫手後的中古車殘值，也讓我非常滿意，擁有過本田的產品，你不會後悔；開過本田的車，了解它產品的特性後，你會深深地愛上它。

▶》 上海嘉興朱氏望族

爸爸的祖籍是上海嘉興，據他說，祖父是一名富有的商人，經商十分成功，因此，我們家族當年在嘉興算是一門望族。

爸爸是海軍，在民國38年，國共內戰、烽火連天的大時代，以海軍的身分和國民政府一起撤退到台灣來。

爸爸常說起這段往事：「當年啊，我要和國民政府來台灣的時候，我爸爸細心地在我的衣服裡綁了一些金條，拍拍我說：『沒事的，過兩個禮拜就回來了！我看這個仗打不久的。』」但萬萬沒想到，這一道別，爺爺口中的兩個禮拜，竟成了漫漫的一甲子歲月，更沒想到再見竟成了永別。

好不容易，兩岸終於開放探親，爸爸再次回到家鄉時，爺爺、奶奶都已經離世，一切早已人事全非。

五年多前，妹妹曾經帶著爸爸一起回去嘉興。對爸爸來說，這幾年來高度建設的上海，早已不復兒時記

憶，唯獨仍有一家戲院還在，據妹妹說，爸爸在戲院前駐足許久，口中還悠悠地說：「正對著這家戲院，再往左200公尺，就是我們家了。」而他口中的「家」，當然也早就不存在，現在改建成一處公園了。

回台後，爸爸說起這次返鄉的心情，看著他那布滿皺紋的臉龐，眼神中難得閃爍著回到家鄉的雀躍，但隨即又變得茫然而失落。而爸爸口中的故鄉與故人，對於從小在台灣長大的我，也似乎只是一個久遠的「傳說」，動人，卻少了臨場感。而這段歷史中被撕裂那一代，懷著少小離家歸不得的無奈，在海的這岸，掛念著海的彼岸，身為船員的他，跑了大半輩子的船，卻永遠駛不回他懷念的港灣。

這類生離死別的故事，在台灣並不陌生，也可說是大多數外省老兵的悲哀。

爸爸和我一樣是獨生子，他還有一對雙胞胎妹妹，是領養的，年紀上也有一段差距。當年他從軍來台灣時，兩位妹妹正就讀天主教的幼稚園，在戰亂中被幼稚園的德國修女帶回德國安置。雖然爸爸的妹妹們是領養

的，但他是個念舊的人，戰爭終了，後來在他跑船的那些年，只要船一停靠德國港口，他就四處打聽兩位妹妹的下落，甚而登報尋人，遺憾的是，一連登了十年的報紙，仍未有雙胞胎妹妹的消息。

▲ 我最懷念的外婆。

就這樣，一場戰爭，打得一個家族四分五裂。爸爸在台灣娶了台籍的妻子——當然是我媽，幾年後我和兩個妹妹也相繼出生，爸爸從孤身一人在台灣，到在這塊土地上開枝散葉，也算有了個「家」。

這就是，那個大時代的故事。

▶▶ 爸爸：撤退海軍轉船員

　　成長的過程中，爸爸大多數的日子都出海跑船，所以我與爸爸相處的時光十分短暫。但是，日後影響我人生最關鍵抉擇的人，卻是爸爸。

　　爸爸以海軍的身分和國民政府一起撤退來台，從海軍退休後，又當起跑船的船員。當時台灣的海運尚不發達，爸爸所屬的船公司隸屬於香港「金山航運」。

　　當時台灣港口很小，船都是先停靠在日本，台灣船員們想返鄉就必須另外搭船或飛機，非常不便。爸爸每次遠洋航行，一出海就是兩年，長時間在家庭的缺席，使得我成長中對爸爸的記憶是斷斷續續的空白，所謂的「爸爸」對我而言只是一個模模糊糊的形象。直到國小二年級，我才漸漸明白這一位總是帶著許多玩具和昂貴水果到家裡來的「叔叔」，就是我的「爸爸」。

　　長大後，我才慢慢理解，爸爸雖然因為和我們家人聚少離多而關係比較淡薄，但是，他對這個家和孩子們，一直都默默付出著真誠的關愛，在經濟上也盡力地

讓我們過著富足的生活。爸爸原本習慣講上海話，但為了跟我們溝通，勉強自己學了國語和台語，只是他不論是講國語或台語都依舊帶著濃濃的上海腔，所以小時候的我其實常聽不懂他說的話。

爸爸和媽媽年紀的落差，加上聚少離多，使得他們的感情也不像一般夫妻那般親密。但是，爸爸對媽媽、對孩子們，甚至對媽媽的娘家都是照顧有加，儘管外婆有十幾個孩子，最後卻是由我媽媽接來和我們家同住，而爸爸是一個孝順的女婿，對於外婆也是當自己媽媽一樣的照顧。

◀ 嬰孩時期的我與父母。

　　爸爸高齡退休在家之後，和家人的關係卻有著不小的隔閡，或許是大家已經習慣了聚少離多的模式，和寡言的爸爸也沒有什麼共同的話題，爸爸長時間待在家後，和媽媽也常是相看兩無言的狀況，因此愈來愈顯得無精打采。看著爸爸鬱鬱寡歡，我心中也感到不安，與妹妹們討論後，決定將爸爸送到安養中心試看看。

　　其實，我們身為子女的，當然希望能讓父母在家安享晚年，安養中心是不得已的最後手段。然而，爸爸的

▲ 小時候與爸爸到野柳玩。

▲ 長期在外跑船的爸爸，一返家總會盡量找時間和我們相處。

狀況特殊，我們考量他在安養中心，會有一些有共同背景、共同話題的朋友相伴，或許他老人家會比較開心。而事實也證明，爸爸到了安養中心之後，天天和一群同輩的老人家下棋、泡茶、唱卡拉OK，反而有了更多笑容，原來這才是令他感到愜意的老年生活！而我們有空也常去探視他、表達關心，但他還是比較喜歡、習慣和朋友相處，所以我們去探視他時，反而常常是被他忽略的那一個。

　　看到爸爸過得開心，漸漸地我也不再顧慮旁人的閒言閒語，爸爸一生漂泊，讓他選擇自在歡喜的老年生活，才是最重要的。

▶▶▶ 媽媽：傳統婦女

　　媽媽是個很傳統的台灣婦女，她與爸爸的年齡差了一大截，他們結婚時，爸爸已經38歲，而媽媽才18歲。他們婚後陸續生了三個孩子，我排行老大，後面還有兩個妹妹。

　　媽媽有著傳統台灣婦女的堅毅與韌性，相當認命、認分，爸爸長年在外跑船，她默默一肩扛起家務及照顧三個孩子的工作。家中沒有當家的男人，傳統婦女帶著三個孩子，又要獨攬一切家務，其實相當辛苦，但媽媽還是堅強地撐起整個家，毫無怨尤地成為我們的支柱與爸爸的後盾。

　　媽媽的觀念傳統，也有些重男輕女，所以她對於我這個唯一的兒子疼愛有加，從小到大，出門購物總是喜歡找我陪同。也因為媽媽18歲時就生下了我，所以每次她帶著我出門，菜市場商販、街坊鄰居們見到我們母子

▲ 我（左下）、表姐（左上）、媽媽（右上）、妹妹（右下）的合照。

▲ 我、妹妹及媽媽，攝於野柳。

檔，無不驚嘆地說：「哇！妳這麼年輕，卻已經有個這麼大的兒子，真是好福氣啊！」這時媽媽臉上就會露出十分驕傲又欣喜的神情，我漸漸明白這就是媽媽人生中最大的滿足。也因此，長大後，只要有時間，我依然喜歡開車載她出門，陪著她到處逛逛、採買東西，這也是我們母子間多年以來的默契。

　　媽媽為家庭和孩子，辛勞了大半輩子，現在的她身體健康、也依然十分有活力。但是，由於她早已習慣將生活重心放在孩子身上，直到現在，打理家務、關心孩子，依舊是她生活的全部。為了讓媽媽開心、安心，現在的我仍與媽媽同住，沒有安排工作的日子，我都盡量天天回家吃飯陪伴她。

▶▶ 富裕的船家庭

　　爸爸是海軍，在我很小的時候，我們一家住在眷村；後來爸爸退休去跑船，為了回家方便，便舉家搬遷到基隆定居。爸爸的船員生涯中，一開始跑的船主要是

載運台灣的香蕉到日本，俗稱「香蕉船」。當年，台灣很多蕉農靠著外銷香蕉到日本而致富，因此，在兒時的印象裡，基隆港常見許多往返日本與台灣的「香蕉船」，真的滿滿的整船都是蕉。也因為如此，我小時候常有香蕉吃。

那個年代，船員的薪水相當優渥，當時，美金對台幣匯率約 1：42，而爸爸一個月薪水就有四、五千塊美金！這筆金額在當時相當可觀，幾乎可以在基隆買兩棟透天的房子了。也因此，我們家小時候吃穿用度都相當

▲ 我自小家境優渥，爸媽總是給予孩子們最好的物質生活。小時候到遊樂場時，我就偏好玩電動車。

優渥，住的是透天厝、讀的是基隆當地最好的貴族私立學校，如若石幼稚園、聖心小學等。四十幾年前，當大家都還用布巾當尿布的年代，我已經在使用紙尿褲了，家中甚至還有個獨立的玩具間，裡面堆了滿滿的玩具。

現在回頭想想，我的童年生活什麼都不缺，唯一缺的是——爸爸的陪伴。

▶▶ 自由的家庭教育

爸爸因為跑船而鮮少在家，因此，他在我們幾個孩子的心目中一直樹立著一種威嚴、不易親近的形象。但事實上，爸爸因為不常在家，難得見面時總是對小孩懷抱著愧歉，因此，對我們這三個孩子很少打罵。

只是，我們對爸爸的印象仍然因長期的聚少離多而有疏離感，難得的團聚時光，因為語言的隔閡也只感受到他的威嚴多於疼愛。

其實回想起來，我長到這麼大，爸爸也只在國三時打過我一次而已。但由於是唯一的一次，所以印象也特

別深刻。

　　還記得那天，我與同學在民生東路附近一起練完球，碰巧遇到小一屆的學弟站在路邊，說話大聲無禮，球隊的隊長就過去訓斥學弟，一言不合起了衝突，球友們二話不說就湧上幫忙，年輕氣盛國中男孩的衝突，最後很自然地演變成五、六個學長打一個學弟，而我就站在一旁負責幫大家拿書包，真的就只是幫忙拿書包而已。但我最後還是和球隊的人一起被帶進了警察局。雖然沒有動手，仍然成了共犯，只能慶幸當時還未成年，沒有因此留下前科紀錄。

　　後來，爸爸把我從警局拎回去，進了家門就拿起荔枝條一陣狂打，這也是我記憶中最嚴重的一次體罰。

　　相較於爸爸長時間在家中缺席，媽媽則是母代父職地一肩擔起了養育、教育我們三個孩子的責任。

　　媽媽沒讀什麼書，學歷很低且幾乎不識字，因此，她對孩子的教養觀很簡單，平時只關心孩子有沒有吃飽穿暖，最大的要求是「不學壞」，其他像是學業成績、才藝學習等，都沒有太多要求。

正因為媽媽不是嚴格的「虎媽」，所以我們家的小孩在成長過程中並未受到太多壓抑，比起其他孩子有更多自由揮灑的空間，大多時候都可憑著自我意志做選擇。因此，我和妹妹們很早就學會如何自

▲ 自左而右：我、妹妹、媽媽。

己解決問題、為自己的選擇負責。長大後的我，嘗試了許多工作，有的成功、有的失敗，但我從不設限，任何可能都去闖、去嘗試！也因此，我得以發現自己的熱情所在，並堅持地在汽車媒體的領域裡開創出一片天地，而我的兩個妹妹在各自的工作場域裡也都有不錯的發展。

感謝媽媽，沒有太干涉我的人生，總是默默支持、不曾間斷地對我付出她的關愛，讓我有放膽去闖的勇氣。

▶▶ 國中送奶學開車

　　國中時，我就讀的介壽國中採男女分班，分班的標準則是根據小學成績的高低來分配。女生班是從1到9班，男生則是從成績最好的第11班一路排到成績最差的第22班。我國小成績優異，國一進去就是念第11班。

　　國一時，我的在校成績仍是名列前茅。上了國二，則是我學生生涯的轉捩點，當時的我，迷上了籃球與鼓號樂隊，或許是青春期的叛逆因子作祟，加上同儕影響，我變得愛玩，不再用心課業，於是成績一路下滑，後來甚至染上抽菸的惡習。也因此，就讀的班次就持續往下掉，最後，我是在成績最差的一班——3年22班畢業。

　　在成績一落千丈之後，我更是幾乎放棄學業，脫離正規教育體系，從其他的路去找自己的興趣。若真要說國中的求學階段對往後的我造成什麼遺憾，那應該有兩個：

第一，雖說我所在的年代，社會上看經歷比學歷來得重要，然而學歷不高一直是我心中很大的缺憾。幸而有對汽車的熱情作為支持，而我也以加倍的努力與毅力，在汽車媒體界用心耕耘、經營，才有今天的朱嘉偉。所以我還是鼓勵時下青年務必要堅持完成學業，因為知識能成為逐夢的羽翼。

另一個遺憾則是：我對自己的身高一直不太滿意。而我認為這與國二時染上菸癮有關。雖然大家看我的身高算不錯的了，但可能不知道，其實我的家族有高挑身材的遺傳基因，所以我在家族中真的算不高。舉例來說，我外公有180公分，我媽媽也有165公分，而我妹妹身高則有172公分，在女生裡也算高。而我自從國二染上抽菸的習慣後，身高一直就維持到現在，所以青少年在成長期還是應該盡量遠離菸害。

國中時，雖然留下了遺憾，但對我人生影響最大的「開車」這件事，也是在這時期就學會的。

國中學開車的契機，要從表哥在「東海大學鮮乳公司」當送貨司機談起。表哥那時在鮮乳公司送貨，每天

清晨六點就開著發財車到金山南路的公司，把一箱箱玻璃瓶裝的牛奶搬上車，再根據老闆提供的送貨單，一一送到指定客戶端。

國一的暑假，我正好到表哥家玩，他就跟我說：「阿偉，你要升國二了欸，暑假沒事，跟我一起去送牛奶吧！」那時的我只會騎打檔車，但送貨一定要會開車。我跟表哥說：「可是我不會開車欸。」表哥竟然很鎮定地回我說：「開車跟騎摩托車一樣啦。」

只能說初生之犢不畏「車」，我非常天真地照著表哥的話，用騎檔車的概念直接上車摸索，例如：排檔桿上面寫1、2、3、4跟「R」，我就想：「沒錯！汽車與檔車的原理相似！」有了信心之後，我慢慢地練習踩離合器，配合打檔來感覺車子的移動；熟悉離合器的踩踏和換檔之後，再慢慢地調整開法，就這樣，無師自通，我學會了開車。

現在回想起來，或許，我真的天生對「車」有份特殊的直覺和天分吧！

「開車送牛奶」這份工，不僅讓我學會了開車，更讓我喝了好多免費牛奶。因為當時牛奶包裝不像現在是真空或無菌包裝，都只靠一個鐵蓋子封起來，所以牛奶容易因瓶蓋脫落受汙或變質，這樣的牛奶每天都有，客戶退換貨後，公司也不再回收，就留給我喝。印象中，那時每天都喝好多、好多瓶牛奶，身體的底子可能也因此養得還不錯。

　　我在無照駕駛的情況下，就這樣免費幫表哥送了兩個暑假的牛奶。這件事說穿了，其實是表哥想偷懶，正好抓住我初學開車的新鮮感，趁機將工作丟給我做。現在回想起來，當然覺得國中無照開車打工真是胡來一通，但事實上我的收穫也不少，首先當然是變得很會開手排車，其次是熟悉市區的開車環境，以及喝了非常多的免費牛奶。

　　我學車的心很大膽，但總開得很小心。因此，這次的學車、開車初體驗，非常幸運地沒被開單、沒出意外。也因此，我領悟到「膽大心細」就是安全駕駛的不二心法。

後來，當身邊的朋友們要考汽車駕照，個個都為了要在駕訓班花個萬把元的學費而心痛時；我則是申請學習駕照，等三個月後直接報考，輕而易舉就拿到駕照，重點是不花一毛錢。這當然也要歸功於我送奶開發財車的這段歷練，因為發財車是很難駕馭的車款，相較於發財車，後來駕駛的都是較為舒適的房車，所以我幾乎都能輕鬆上手。

西餐廳端盤子，看盡藝界人生

高中時期我已經非常獨立了，白天上課，晚上就在西餐廳夜總會打工。那時我白天念書，傍晚一下課就騎摩托車直接殺到「新天王西餐廳」打工，天天都到深夜十二點後下班。

民國75年時，位於松江路的「新天王西餐廳」是台灣當時最好、最大的餐廳秀場，在那個年代，流行帶家人、女友去西餐廳吃牛排大餐，然後台上有藝人的表演秀可以看。在此表演的藝人都是當年紅極一時的巨星級

人物，如張菲、胡瓜、林慧萍，以及江蕙、葉美娟（葉璦菱）等。

我在餐廳當服務生，常常端飲料去藝人休息室，也因此可以看到他們最真實的一面。有些藝人在後台總是繃著臉、端個明星架子，有些藝人則是台上、台下一樣親和；有些女藝人素顏也很美，但有些女藝人上妝、卸妝完全兩個樣。也因此，在西餐廳端盤子的那段時光，我也算看盡了當紅藝人的台下百態。

▶▶ 鬼門關前走一回

我不是迷信的人，但由於我是家中獨子，傳統的媽媽在我很小的時候曾經把我的八字拿去算命。找的還是一位當年非常有名望的算命師，人稱「虎爺」。虎爺鐵口直斷我的八字很重，是大富大貴的命，但在18歲時會有一劫，避也避不掉，沒法子化解，全看我個人造化，若是過了此劫，未來必有一番成就。媽媽聽了很煩惱，但既然無法化解，也只能在心中默默祈求兒子平安了。

日子久了，我一路頭好壯壯、健康成長，當然也逐漸淡忘了算命師的話，不知不覺就來到了18歲。

有一天，我依舊騎著摩托車出門，就在一個路口，撞上一輛砂石車，整個連人帶車，被拖入車下。撞擊力道之大，當下就昏迷失去意識了。

之後，在醫院醒過來時，真是恍如隔世，也不知道究竟昏迷了多久。只見媽媽滿臉驚恐、憔悴地訴說著，醫生是如何費了九牛二虎之力才把我給搶救回來。我全身有非常大面積的擦傷，被捆成了繃帶人，在醫院住了好長一段時間，全身纏著繃帶、拄著拐杖，當時年輕的我恢復力算快，也躺不住病床，整天無聊得慌，幸虧病房同樓層有間嬰兒室，那時，每天最大的樂趣就是站在嬰兒室的玻璃外，看著小嬰兒紅紅的臉、小小的手和腳，或許觀看新生命的無瑕，在無形中帶給我很大的慰藉，陪伴我走過苦悶療傷的這段時光。

後來，慢慢地回想起虎爺的話，這一劫似乎都照著他所說的發生了，果然是神機妙算！

只是，當時年輕氣盛的我，卻絲毫沒有因為這場車

禍而心生畏懼、不敢騎車，年輕小夥子很快就忘了傷痛與教訓。反倒是我媽媽被這場車禍給嚇壞了，嚴禁我再騎車，而這應該也是為何她後來很快就買了一輛汽車給我代步的主因。

這場車禍在我的臉上、身上、手上，留下了許多的傷疤，當初爸爸甚至花大錢讓我去日本做植皮手術處理臉上的傷疤，才讓我有今日這樣看起來光亮沒有傷疤的臉。至於手上的疤痕，至今仍是非常明顯，不少車迷朋友應該在《GO車誌》的車評影片中都有發現。

而我的人生是否如虎爺所言：「度過此劫，必有一番成就」呢？當時懵懂的我，對未來的人生並沒有太多的想像。

接下來，我脫離了青澀叛逆的學生時代，成為社會新鮮人。當時的我，對工作方向並沒有特別的想法，抱持著有機會就多嘗試的好奇心，畢竟年輕就是本錢，有不怕犯錯的機會，因此也累積了五花八門的工作經驗。

▶》短暫的木棉花VIDEO

台灣早期著作權觀念不發達，也沒有相關法規的限制時，我曾與朋友一起做音樂錄影帶，叫做「木棉花公司」。音樂錄影帶這玩意兒可能要五、六年級生才會比較了解。那個年代，美國歌手如瑪丹娜、邦喬飛等都會推出音樂光碟，內容像是：集結數首主打歌的MTV、現場演唱會實錄影片等，燒錄在雷射影碟（又稱LD）裡，LD的外型長得像現在的DVD片，但是更大張。

在那個沒有網路的年代，想取得國外的資訊十分不易，我的朋友看準這項事業能賺錢。他們兩兄弟正好一個在美國、一個在台灣，只要美國一出新帶子就寄回台灣，台灣這邊再將帶子拷貝成VHS或BETA式的錄影帶，並用心地自製封面與包裝。當時我們公司一個月大概可以發行十支錄影帶，並且銷售到全國各大唱片行通路。還記得當年只要走進公館的玫瑰唱片，旋轉架上都是木棉花公司的音樂錄影帶，消費者買回家後，只要放進錄影機播放，就可以看到國外最新的音樂。

這樣一片帶子，包含了捲帶、印刷、收縮包裝，整個製作成本全部大概只需30元，卻以299元賣給唱片行，唱片行再以399元賣給消費者，現在想想真是暴利。

因為公司裡有許多從美國購入的音樂錄影帶，當時飛碟唱片的李姓主管也常常到我們這裡看音樂錄影帶，從中尋找最新的音樂元素和造型風格，並運用在他們挖掘的新人偶像上，當年紅極一時的小虎隊、郭富城、王傑及張雨生等知名歌手，幾乎都是在他一手打造之下而大紅大紫。

之後政府通過301法[1]，保護智慧財產權的意識抬頭，木棉花公司立刻關門大吉。而我則在李姓主管的引薦下，進到飛碟唱片當宣傳助理。

1 301法：該法條是美國政府所公布關於世界各國的智慧財產權保護的年度報告，主要針對盜版軟體、盜版光碟等問題。當時台灣也列為觀察名單中，政府為因應時代進步與提升民眾對著作權的重視，故設立智財局與修改相關法條，而這一連串的措施，當時確實嚇阻了許多盜版業者。

▶▶▶ 快起快落的宣傳生活

剛進飛碟公司的第一件工作，就是當黃鶯鶯的宣傳。那時鶯鶯姐的《讓愛自由》專輯大賣四十幾萬張，專輯裡的〈哭砂〉一曲更是家喻戶曉、傳唱多年。

還記得第一次與鶯鶯姐見面，主管向她介紹我說：「這位就是你的宣傳助理。」之前只在電視上看過鶯鶯姐，真正見到大明星的我，跟老鼠一樣，說話結結巴巴，只能回句：「鶯鶯姐你好。」不過鶯鶯姐本人非常和善，沒有什麼架子。我的宣傳工作就是每天早上七、八點到信義路的住家接她去梳化、做造型。以前藝人跑通告就三個電視台再加上電台如中廣，還有周刊拍攝平面，比起現在相對單純。

當時鶯鶯姐宣傳期，差不多約一個多月，宣傳行程就是上綜藝節目，在台視、中視、華視三個攝影棚輪著跑節目，以及接受電台與雜誌的專訪。帶完鶯鶯姐的宣傳後，因為鶯鶯姐的專輯大賣、公司賺錢，我也因此從公司菜鳥搖身一變，成了一個成功的宣傳。

做出一點成績來之後，公司接下來就把手上的重點新人也讓我帶。當時飛碟有兩個新人，其中一個是男生，外型矮黑但聲音不錯，曾幫黑松沙士唱廣告曲，而女生則是現今主持界的大姊大陶晶瑩。

那時，陶晶瑩家住木柵，我每天早上開著我的人生第一輛車——Fiat飛雅特Uno去政大接她，一樣是梳化、做造型、上節目。但新人畢竟是新人，宣傳期短且很輕鬆，我記得當時的專輯名稱叫《天空不要為我掉眼淚》，也因為是新人，所以上電視宣傳的機會少、曝光量低，當然直接影響的就是唱片的銷售量！印象中，我做沒多久就離職了，但到了今天，我依舊回味著當時那段時光，也保留著當時的名片，雖然工作的時間不長，卻讓我的人生大開眼界。

離開唱片公司後，面對即將當兵的短暫日子，我選擇了開計程車等待兵單。

▶▶ 那些我在部隊數饅頭的日子

我當兵是在269師，軍營在楊梅高山頂，這個師以前跟金門師是來回移防，823砲戰就是他們打的，所以269師號稱天下第一雄師。這是一個新訓單位，有點像成功嶺，每兩個月來一梯新兵。

那時候我待在三營兵器連，這個連專門代訓新兵，因為當時新兵太多了，成功嶺、金六結消化不完，所以有一些新兵會撥到我們那邊代訓，可是代訓的都是背景特殊的兵，有受管訓、有犯過案的，所以來到我們這裡的，常有些刺龍刺鳳的大哥，這些人通常是已坐牢一段時間，役期到了就先來當兵，等當完兵再回去繼續關。

我當時是連內新兵，代訓期間過完，照理講就應該要調離開，但當時跟營長處得不錯，他就申請將我留下來，繼續管新兵。當時，在新訓單位軍階能掛一條槓就算很大了，所以我這個二等兵在單位裡也算大，日子過得不錯。除此之外，我整個服役期間，都沒有被派到外島，也沒有去陸戰隊，更沒有被操到，算是在嚴苛單位裡的涼缺。

在新訓單位裡，大家最喜歡的差事是倒垃圾、打飯、採買或者到外縣市出公差等，因為可以離開軍營，出去走動透透氣，所以大家總是搶破頭當差，班長與連長不太管事，工作分配的職責就落到我頭上。那時連上有一百多個人，大家爭相「賄賂」我，只為了偷得一點自由時間。比如：「欸，你今天晚上倒垃圾，叫我啦，我給你兩百摳（台語）」、「欸，你明天要去台北出公差，我跟你去啦，請你喝酒（台語）」、「我給你兩條菸，你讓我去倒個垃圾（台語）」。

尤其一些身分特殊的管訓兵，之前長期在監牢中，不得自由，當兵期間偶爾有機會可以到外面的世界，自然格外渴望這樣開小差的機會，即使倒垃圾來回只有30分鐘，他們也極力爭取。對他們來說，只要能出去走走就能稍微放鬆，若是能到台北公出一下午，那更像恢復自由之身般地開心。

託許多貴人的照顧，以及自己的好運氣，我的軍旅生涯算是十分順遂，幾乎是每天開心愜意地一路到退伍。

《 嘉偉哥看車 》

人生當中的第一輛車
——飛雅特 *Uno Turbo ie*

我18歲買第一輛車，記得是剛考到駕照，也還沒當兵。對於人生中的第一輛車，我真的完全沒有做功課，只要求車子能開、會動，外型好看就好。當初純粹因為看到朋友開一輛飛雅特，外型很酷、很潮，我就一心想買一輛同樣的，去看車時，也不在意窗戶是手搖的，甚至完全沒殺價就買了。

我這個買車完全沒殺價的行為，不只被我表哥嘲笑是「笨蛋」，還意外換得這個車廠的年輕女業代連續十年的聖誕節感恩賀卡，我想大概是這輛車的交易讓她獲得很高額的獎金，也或許是她第一次遇到完全不殺價的傻客人，所以對我印象深刻、感謝再三吧？

人生中第一輛車的喜悅，真的是勝過一切！當時的我，儘管被嘲笑是不殺價的笨蛋，也毫不在意；儘管買車之後三餐只得啃乾糧，也無所謂。

　　結果，買了車、開上路之後，才發現冷氣怎麼不冷？保養怎麼那麼貴？說真的，實際開了之後，心裡就開始後悔：「這輛車根本不符合我的需求！」飛雅特這廠牌的車，當年都是寒帶規格的設計，在台灣的夏天行駛時，冷氣完全不冷。

　　當年我常開車從內湖載媽媽回基隆老家，這麼一小段路，我媽沿路大概唸了十遍：「這車怎麼這麼熱啊？」那時，從台北要到基隆還是開省道，我只好每5公里就把車停在路邊，打開引擎蓋，拿出預先準備的好幾罐礦泉水，打開淋到引擎上降溫，讓熱氣降一點，這時冷氣就會冷一點，然後再繼續開，等到冷氣又不冷了，我就又得下車重複剛剛的動作……真的是很辛苦啊！

　　種種原因，這輛車我只開了一年半，就報廢了。我買車時貸款三年，卻只開了一年半，接下來一年半還得

繼續繳車貸，買這輛車對當時的我來說，真是個惡夢！也因此，我再也不買飛雅特這個廠牌的車子了，後來，這個廠牌也退出台灣市場了。

這輛車冷氣不冷的問題，是我當初在買車時完全不知道的。假設當初像現在有網路，我上網一查就能發現這輛車有冷氣不冷的問題，那我可能就不會買了。所以，老實說，這輛車真是我的用車生涯中，一個很痛苦的經驗和教訓。也因此，我要提醒大家，買車前真的要三思，務必好好做功課，畢竟一輛車正常來說會陪你個三、五年，甚至更久的時間。千萬不要一時衝動購買，讓接下來的三、五年都處在懊惱與後悔的情緒中。

雖然第一輛車以不好的經驗收場，但是現在回想起來，人生中那第一次購車的喜悅感早已掩蓋了所有負面的不愉快感受。

這輛車之後，我就去當兵了。退伍回來後，因為家裡還是有用車的需求，而且媽媽也希望我三不五時可以載她到處走走、採買家用品，所以又幫我買了第二輛車。

第二輛車是Daihatsu（日本大發汽車），這輛車是我帶媽媽去買的，一部非常中規中矩的四門房車，我個人覺得有點老氣。

這輛Daihatsu開了大約一年多，我就自作主張偷偷把這輛車開去中古車行，換了一輛車齡四、五年的中古跑車。換了之後，於心不安，所以一直瞞著媽媽，瞞了一個多月。直到有一天，媽媽非常堅持要我載她出門辦事，我眼看是瞞不下去了，於是硬著頭皮開著這輛跑車現身，我媽一看，當場傻眼，而且因為跑車是雙門的，媽媽還得彎著腰鑽進後座，當時我心裡可是冷汗直流啊！最後當然還是免不了迎來媽媽一頓叨唸。

幸好，媽媽很疼我這個唯一的兒子，她看我很喜歡這輛車，後來也就不再說些什麼了。這輛跑車我滿喜歡的，之後開了兩年多。

等我出了社會，有了自己的收入。1997年，我買了一輛雷諾RX4，這也是我自己所買的第一輛車，手排、4WD、SUV的產品，在當時可是非常新潮且顯眼的，而我的運氣很好，這輛法國車沒出過什麼大問題，

很安穩地服役了三年多，比較吃虧的就是中古車的折舊率，賣不了幾個錢！

最愛的引擎生命力——本田

雷諾之後，我換了一輛本田的CR-V。

CR-V這款車我前前後後買了三輛，之後也買過一輛Fit。現在一路回想起來，在我所擁有的車子中，本田的比例最高。我最喜歡本田引擎反應在油門的踩踏感，讓我感受到一股獨特的生命力，不同於其他廠牌的引擎，本田引擎的生命力，賦予了車輛可貴的「靈性」。

我開過許多不同車廠的車子，覺得每一個廠牌的引擎特性都不太一樣，像我之前比賽的車是Nissan（日產）的March，Nissan的特性是：油門踩起來的感覺反應較慢；而在台灣很國民化的Toyota，引擎給我的感覺則是很「乖」，讓人開起來感到很「安穩」。

買車時，除了引擎特性，我也會考慮保值性，因此，我也陸續購入Toyota和Lexus的車，因為這兩個廠牌的車都非常「保值」，尤其是Lexus的車，基本上開了一年後再出售，都不太會折價。

我的夢想——BMW

我心目中真正的夢想車輛則是BMW，主要是因為BMW在駕駛的操控感、油門、煞車的踩踏感上，都帶給我比較高的駕駛樂趣。其實，我個人認為BMW的引擎油門踩踏的感覺和本田的車很像，這應該也可以說明為什麼本田會成為我持有率最高的車！本田的車在整個油門、煞車的反應和BMW確實有相似處，也因此，

本田一直有「東瀛的BMW」這個稱號。

至於賓士（Benz）則是我至今尚未買過的廠牌，或許再過十年，

年紀再大一些才會考慮吧！雖然近年的賓士車款車型也愈做愈美、愈潮，但相信應該不少人也有跟我一樣的感覺，賓士車頭的大廠徽顯得太過高調，是現在的我最無法接受的設計。

法國車——獨特的浪漫

我之前在賽場上是開本田的車，後來因為標緻（Peugeot）車廠贊助的關係，我也開標緻的車子比賽。我覺得法國車真的有它獨特的個性，像你在標緻或雪鐵龍（Citroen）的車子上，也可以看見一些有別於一般車廠的獨特設計。

像之前有一輛雪鐵龍，它在中控台上多了一個小圓柱型容器的設計，我看到之後一直百思不得其解，心想：這到底是要用來放什麼的啊？後來問了原廠才知道，這是要給你「插花」的。法國人說：「每天早上出

門前，從花園裡摘一朵花插在車上，會帶給你整天的好心情！」我從沒看過任何其他車廠的車有「插花」的裝置設計，這真的是法國人才有的浪漫吧！

　　法國人製造車子的思維真的是很不一樣，它有很多設計就是和全世界大多數的車廠不同，比方說：一般車子的電動窗開關按鈕都是在門片上，但是它卻是設計在音響下方，如果你是第一次乘坐這輛車，開關窗戶時一定會不太習慣。關於這個設計，下次我去巴黎車展時一定要好好問問他們：「為什麼要這樣設計？用意何在？」還有，我也發現法國車很多按鈕的設計都在車頂，車頂有一排按鈕開關，它的按鈕造型和一些金屬的設計，真的會讓你感覺像在開飛機一樣。

　　說到法國車，它在設計上經常讓我大開眼界，其中一個讓我印象深刻的設計是：雪鐵龍Citroen Grand C4 Picasso。一般前擋風玻璃和天窗會隔著一片板金，它把這片板金取消，讓前擋風玻璃的視野延伸到駕駛座的頭部上方，和上方的天窗連成一氣，成就了絕佳的視野。如果女孩子怕曬黑也不用太擔心，因為它還有貼心

的可移動式遮陽簾。我問總代理：「為什麼要這樣設計？」總代理回答我：「你知道法國的文宣是怎麼說的嗎？這輛車的法國廣告文宣是：『你有體驗過開太空梭的感覺嗎？』太空梭的駕駛視野就是這樣啊！」真的欸，如果你在晚間的郊區開車，頭頂上方不正是一望無際的星空嗎？

另外還有一輛Citroen DS5，這輛車也是當今法國總統的座車，它不大，但設計也有特別之處，一般汽車頂多就是全景式天窗，可是這輛車有好幾個天窗：駕駛座一個、副駕駛座一個、後座一個。它的解釋是：因為男生開車喜歡開天窗，但是女孩子怕曬，她就可以把副駕的獨立天窗關起來。這真的是非常細膩的人性化設計，也只有法國車廠能做到由「人」出發的設計。

此外，法國車的底盤開起來很穩，因為巴黎舊城區有不少石板路，凹凹凸凸，非常考驗車子的底盤。法國的道路品質和台灣差不多，所以法國車底盤的穩定性一定不錯，就這一點來看，法系車非常適合台灣的用路環境。

但是，法國車有一個致命的缺點，就是容易壞。或許對浪漫的法國人來說，車輛壞一、兩個小地方也無傷大雅，只要「還能開」、「堪用」就好了。其實，我認為法國的造車工藝並不遜於德國、雙Ｂ車廠，但法國人的造車思維並不是以「實用」為導向，因此如果你在意的是車輛耐用度，那法國車可能還是會令你失望。

　　由於法國車在台灣的知名度較低，所以售價比在歐洲還低，但是後續的保養與維修時的零件單價卻是高得嚇人，所以，要買法國車前務必三思，請把後續養車的問題都考量進去。當然，如果車輛的耐用度和養車費用不是你在意的重點，那麼，法國車的許多設計真的讓人充滿驚喜，絕對可以讓你未來在駕駛、乘坐這輛車時，享受許多貼心又獨特的樂趣！

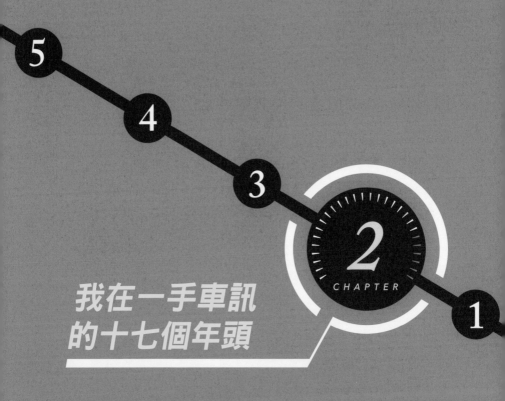

我在一手車訊
的十七個年頭

CHAPTER

2

▶ 爸爸的信，如春雷般打醒了在紙醉金迷中的我。

為了不負爸爸的期望，我進入了《一手車訊》，

沒想到，我車訊事業的春天也從此悄悄地發芽……

▶▶ Peugeot RCZ──奔馳賽場

　　雖然RCZ已經停產了，而且在國內的能見度不高，但因為我再次投入房車賽事的關係，每次與它奔馳在大鵬灣，經過一次彎道、通過一次方格旗，我就更加了解它。它就像是一位很有耐心的賽車教練，慢慢地讓我進步、讓我成長，它的彎道極限超乎你的想像，引擎與機械結構的耐用性，更不是一般改裝車可比擬，我與它相處了兩年，Peugeot RCZ Cup讓我了解到廠車與以前市售改裝車，兩者之間的差異。

　　換到一般的市售版RCZ，它有冷氣、音響、皮椅，你可以更舒服愜意地駕馭它，但卻不失操控與性能，甚至市售版的RCZ R馬力比我的比賽車還大！RCZ是FF的設定，但卻沒有一點前驅

車的特性，過彎非常的中性，彎中的穩定性會讓
駕駛者很有信心，過彎頂點後的全油門時機，也
可以更提前、更好掌握。

　　很可惜在台灣車市，會注重這類特性的消費
者很少，再加上實用性不好等因素，我很少在街
頭看到它的身影；而如今它已停產，也沒有後繼
車款，想要擁有它的機率更低了，但我建議車迷
朋友，有機會一定要試看看，享受RCZ帶給你的
彎道魅力。

▶》走入《一手車訊》

　　退伍後，我在酒店擔任人事主任、管理小姐出缺勤的日子裡，每天都是晚上八點上班、凌晨五點下班，而且遇到認識的客人也難免要應酬喝個幾杯，下班時總是醉醺醺的，這樣的生活大概維持八個多月。爸爸那時已退休在家，一個紀律嚴明的退休軍官看到家中唯一的獨子每天過著日夜顛倒，白天醉、晚上喝的糜爛生活，總覺得心痛。但或許是因為我已成人了，加上從小和爸爸也有些疏離，所以他不好意思開口管我，直到有一天，他寫了一封長長的信給我。

　　確切的內容我已經不記得了，大意是：他已管不動成年的我，但真切地不希望有著他血脈的朱姓小孩，在這樣的紙醉金迷中過一生。

　　我們父子關係雖說一直到今天都很陌生，但爸爸顧家、威嚴的形象深植我心，我心中非常尊敬他。因此，看到這封信時我感觸很深，對我來說，那不僅是一紙規勸信，還是一個分量很深重的期待。

就這樣，我決定改變自己的人生，開始每天翻閱報紙的求職頁，碰巧看到一則徵才廣告：「一手車訊徵助理編輯／待遇好／享勞保」。雖說曾經讀過汽修與機械，但當時對車子真的也不算懂，一廂情願地認為只要會開車、有駕照應該就沒問題了吧！於是，就投了履歷到《一手車訊》。

順利地收到了面試通知，當時面試官正是《一手車訊》的老闆顧總。他問我：「會不會開車？開的是哪一款車？」然後，要我回家寫一篇300字的駕車心得。這算是第一份我正式參加面試的工作，因此心中十分慎重、緊張。回家後，我仔細用稿紙寫好心得，還用掛號寄送，戰戰兢兢地等待通知。在等待回音的那段時間，我其實沒有什麼信心，心想應該是希望渺茫，沒想到隔了一個星期，公司竟然就通知我去上班，談好薪水是一萬八千元。

當時我在酒店工作，每天有酒喝、有妹看、呼風喚雨、眾人巴結，開開心心一個月就領八、九萬。現在換成朝九晚五的工作，不僅職位只是個小小編輯助理，薪

水還只有少少的一萬八，落差相當大。介紹酒店工作給我的朋友對我轉職一事也不看好，總覺得我撐不久，還時不時勸我回酒店工作。

但就因著爸爸的那封信，還有對車子的熱愛，我堅持下來了。這個轉換跑道的人生抉擇，不僅跌破爸媽、所有親朋好友的眼鏡，就連我自己作夢也沒想到，我在《一手車訊》竟然一待就是十七年。

▶️》 辛苦練功的小編輯生涯

那個年代的媒體很少，汽車雜誌社只有五、六家，加上沒有網路，編輯的需求量並不大。因此，一手車訊雜誌社所面試的員工學歷都不錯。加上當時出版社的人力流動率低，升遷也變得很困難，你要在這傳統產業往上爬，必須有很大的毅力和耐力。

過往《一手車訊》有個不成文的規定，編輯做滿兩年才可以開始寫新聞稿，通常我都稱它為「垃圾稿」！那種放在雜誌最後幾頁，一格一格的，做給車廠、業務看的

▲ 我於《一手車訊》擔任編輯時期到海外試駕的照片。

公關新聞稿，到現在我還搞不懂，車廠為何在意那小小的格子到底有沒有放他們家的車子？根本沒人看呀！

然後，任滿兩年到五年間的編輯，運氣好一點的，可以開始摸到一些資深編輯不想碰的車子，比如像March這類沒有什麼特別性能可講的車型，然後撰寫的稿子會被放在雜誌內文的後端；大概再五年之後，才有機會碰到「夢幻逸品」等級的車，比如一些性能取向的跑車等；資歷更久才輪得到讓你去個行程硬的、沒人想去的海外試駕。

當時編輯的養成在每個階段都拉得很長，基本功也就比較扎實，印象中，我工作到大概第八年才開始海外試駕。在以前，不論試車或者記者會，哪像現在車廠會幫你準備好新聞稿、車輛的基本規格資料，所有的訊息都要自己去摸索，沒有懸吊資料就趴下去看底盤，不懂引擎規格就要問前輩，試車的技術規格不多，所以那個時候的試車稿，大多偏向車輛硬體帶給駕駛者的感受，以及車輛操作的手感為主，鮮少出現又臭又長只為混充字數的規格名稱。

　　現在，可能你在一家媒體做幾個月，就可以試車了，運氣好一點就常常出國試車，反正網路發達，不懂的就Google！但也因為這樣，很多試車稿件寫完後也就忘了，所以我現在都會要求員工在寫稿時，禁止上網搜尋資料，多分享一些車輛帶給你的感受，讓網友更清楚每一個產品的特性。

　　再來，以前撰稿都是手寫在稿紙上，一格一格地逐年堆疊自己的文章。當時的編輯們不僅個個字寫得美，文字能力也強，非但沒有火星文，連錯字率也較現在的

編輯低很多；反觀現在，不要說雜誌，新聞報紙與媒體的錯字常多到讓人看得很頭痛。當時出版社規定編輯一個月要寫兩萬五千字，超過一個字五毛錢，所以大家拚命寫，可是你寫出來的稿子不見得會被採用。有時候主管看一看，要不叫你重寫，更慘的是直接當垃圾丟了，也因此，我的文字能力在這時期被訓練得很扎實。

那年代的編輯對工作充滿熱情，都是為了可以摸新車，獲得第一手車訊。而在汽車媒體工作的大家因為對車子的愛好，也幾乎都會投入改裝車輛的領域，甚至參加賽場比賽。其實，不論是玩改裝車或是賽車，都會讓你對車子的機械結構、引擎特性有更深入的認識，所以那個年代的汽車編輯都是「硬底子」真材實料的！

還記得我有個同事叫小穆，他是我看過最厲害的編輯，所有的車種他都可以整輛拆解，再重新組裝回去，還可以成功發動，我真的由衷佩服！以我的功力，大概只能獨力組裝半台車，而且僅限本田的車。然而，要從現在的汽車編輯中找到具備這樣能力的人，已是不太可能的事了。

以前大家辦公桌下必備的「標準配備」就是睡袋跟摺疊椅。記得有一名編輯我們都叫他「鬍鬚張」，他常常留宿在公司裡寫稿。鬍鬚張一整個星期沒回家睡覺跟洗澡是常見的事，他蓄了滿臉的落腮鬍，吃東西時，食物還常黏在鬍子上也不清洗，令人覺得很噁心。同事們看不下去，勸他清理一下，他卻開玩笑地說：「不用吧！洗掉的話，老闆就不知道我努力工作到都沒時間洗臉了啦！」

如今回想起來，那段熬夜寫稿的日子，真是累中帶笑，令人回味。

▶》「偶像編輯」，各顯身手

大家可能不知道，在《一手車訊》這個雜誌當道的年代，還有所謂的「偶像編輯」。因此，編輯在努力撰寫吸引讀者的文章之外，還會費心塑造自己的形象。譬如：我們會請攝影師拍攝車輛時，讓編輯一同入鏡，如果車輛是法拉利這類超跑，那位寫稿的編輯，一定

會在車旁擺個帥一點的姿勢放刊頭。另外，雜誌最後的Q&A單元，編輯們會比誰得到最多讀者的回覆與問題，藉此來彰顯自己的人氣，有時更會收到讀者寄送的禮物，雖然通常是水果、食物這樣不算貴重的禮品，但受到讀者關注、愛戴的感覺，卻是當時編輯努力撰稿的成就感來源。

每位編輯為了寫出吸引讀者的內容，都使出渾身解數。我則是尋找特殊車款來吸引讀者，幾乎每個月都要全台跑一圈，到各個貿易車商處看車，並且相機都不離身。也因此，在這段時間，我認識了遍布於各地的貿易商，有些廠商會進很特殊的車，長期打好關係，自然每當他們有新進的特殊車款時，就會主動通知我去拍照。

當年，傳統膠卷的年代，相機沒有預覽功能，事後也沒有Photoshop可以修片，所以汽車編輯們對自己的攝影技術可是要求很高的。就我個人來說，在拍攝前，一定先考慮文字與圖片的搭配，再決定拍攝時光線的運用及畫面的構圖等，因為相機快門「喀擦」一聲按下去，就再也沒有修改的機會。

現在編輯和以前大不同，或許是消費環境使然，現在的消費者重視車輛價格、外型設計與配備的豪華程度大過車體機械結構，也因此，現在的汽車編輯對車體機械結構的知識，普遍不足，包括《Go車誌》的員工在內，若我把車頂起來問他懸吊設計方式，能答得出來的非常有限。不過，因為現在網路便利，只要拍攝前從網路上蒐集資料、做足功課，還是可以應付工作需要；記憶力稍為強一點的，不管是面對《Go車誌》的鏡頭或者進攝影棚當名嘴，沒開過的車一樣可以頭頭是道地講足10分鐘。

　　但我做《Go車誌》這九年，從不需要準備稿子，因為只要實際駕駛過，就能知道車輛機械結構與特性。我認為座椅材質不重要，重要的是坐在上面與身體接觸的感覺；輪圈美不美觀不是重點，但底盤帶給消費者的乘坐感，卻是每一分每一秒都在變化。

　　就我的觀察，現在大陸網友比較多會聚焦在汽車機械問題上的討論，他們網路上發問的問題，會提到車輛獨立和非獨立懸吊的優點和缺點各是什麼？反而，台灣

網友比較少有這樣的提問，致使目前台灣的汽車編輯，幾乎無人具備這樣的專業知識，即使是我公司內部的年輕編輯也答不出來。什麼叫非獨立懸吊，多連桿是非獨立還是獨立等基本常識，不要說我們公司，全業界目前真的稱得上了解汽車的又有幾個？可是，我們以前那些老編輯，隨便一個人都可以簡單講個十來分鐘，讓你恍然大悟。這些都是過去在稿紙上，一格一格慢慢堆疊起來的經驗。

現在的汽車媒體編輯幸福多了，新產品發表時，原廠會主動辦記者會，邀請你去吃飯並提供完整的新聞稿及車輛資訊，就連原廠試車，也都幫媒體安排得好好的，包吃包住。以前那年代不是這樣，車行沒有廣告的概念，更沒有試駕的服務，編輯們只能靠自己去找素材。那時我們常常要去承德路六段、民族東路一帶的中古車行，尋找特殊的車，和車商討論拍攝事宜，車輛資訊也全要靠自己做功課。除此之外的車訊來源，則因為當時著作權的觀念還不普及，所以編輯會直接翻抄國外汽車雜誌、新聞來和讀者分享最新內容。

因為總是積極尋找新且特殊的車種，我往往一個月會有兩、三篇文章刊登在雜誌裡，並且是放在前面版面。我們雜誌目錄頁之後就是重點文章，而那通常是我的撰文。我直言不諱的車評風格應該也是在那時建立起來的，因為公司的業務及編務分開，所以編輯撰文不會受到廠商壓力，能更暢所欲言地介紹車輛的優缺點。

當時的老闆——顧總也欣賞我的撰稿風格，所以在《一手車訊》這十七年間，我升遷速度算是快的，這也反映了老闆對我的信任。顧總後來甚至是完全放手，讓我直接帶領四個部門，將近一百個員工。

在出版社十七年，我從助理編輯一萬八千塊的薪水，一路順遂地升遷編輯、資深編輯、執行編輯、主筆、主編，最後，當上了《一手車訊》的總編輯，那時的月薪是十二萬五千元，也算是創下業界紀錄的高薪。因此，在汽車媒體界我的資歷算是相當完整，同時也感謝《一手車訊》給我這十七年的基礎，後續《Go車誌》得以成功，這段時間的歷練絕對是功不可沒。

▶▶ OPTION 改裝車訊

我在《一手車訊》時，並不是靜待老闆指示做事的員工，工作上我總是有自己的想法，也會不斷地發想新方向，並直接告訴老闆我的規劃、做法、預期的目標。我做過的案子有成功、有失敗，其中，最成功的就是《Option》雜誌的創刊！

《一手車訊》的內容，原本概括了新車、改裝車、中古車等範圍。當時擔任資深編輯的我看到了改裝車的市場，遂提案建議把改裝車的內容獨立出來，推出一本改裝車訊，而老闆也支持我的想法。

這本名為《Option》的改裝車雜誌，在 1999 年 2 月 1 日創刊。當時市面上已經有唯一的一本改裝車雜誌《SpecR 改裝車訊》，是上海印刷出版的。還記得，當《Option》推出之後，《SpecR》的老闆打電話給我，語帶不安地對我說：「我的改裝雜誌，每個月的銷售量大約只有 7,000 本，現在你來跟我分，我們一人 3,500 本，不會餓死嗎？」我很有信心地回他說：「不會，我不是來跟你瓜分市場的，你放心，這個市場沒有被你

填滿，我認為我們可以一起把改裝車市場的餅做大。」
結果，《Option》上市後，一切正如我所言，後來
《Option》一個月銷售量20,000本，同時，《SpecR》
也飆漲到18,000本的月銷售量。

改裝車訊的成功，主要是因為改裝車的讀者市場並
沒有被填滿。我當時判斷全台灣如果有50,000個改裝車
迷，大概有45,000人都不知道有改裝車雜誌。為什麼會
有這個狀況呢？主要是改裝車雜誌在雜誌市場上的比例
太低。當時在便利商店的雜誌架上，可能有5本新車雜
誌，而只有1本改裝車雜誌，比例低，相對的能見度也
低。因此，《Option》加入後，改裝車雜誌從1本變成
2本，在商家書架上的能見度瞬間拉高，而這就是我所
說的：「一起共同把改裝車的市場炒起來！」另外，我
決定在《Option》的封面放上十分吸睛的賽車女郎，和
一般新車雜誌做出區隔。後來，銷售量也證明了我的行
銷策略是正確且成功的。

當時的汽車媒體界很小，《Option》的成功也算是
轟動業界。那段時間，《Option》成了汽車媒體界的大

話題，老闆和我在業界幾乎可說是走路都有風！

也因為《Option》這個戰功，讓我在2004年升上了車訊國際的總編輯。而這本《Option》雜誌的成功，也成了《一手車訊》未來十年持續營利的關鍵。

我的老闆曾非常感性地這樣形容我：「我旗下一百多名員工，只有你——朱嘉偉，是攻山頭的將軍，當你攻下一座新山頭，其他那一百多人就是留在那裡開墾的農夫；而你不會戀棧，不久便又起身去攻另一座山頭。或許下次失敗了，一身是傷地回來，沒關係，我會拍拍你，等待你下一次的出征。」

▶》《二手車訊》和《跳蚤市場》

此外，在《一手車訊》期間，我還創了《二手車訊》和《跳蚤市場》這兩本雜誌。《二手車訊》顧名思義，主題是介紹中古車市場的雜誌；《跳蚤市場》則是一本讓大家可以在上面交易各式各樣二手物品的平台，刊登在這雜誌上的物品五花八門，也相當吸引人，因此也締

造了不錯的銷售量。《跳蚤市場》可以說是「前網路」時代的Yahoo拍賣，就像現在Yahoo拍賣一樣，扮演著各式各樣物件交易平台的角色。後來，Yahoo拍賣網站剛成立時，竟然還來找顧總，想跟我們買《跳蚤市場》上現有物件的刊登權，我當時是建議顧總「趕快賣」，因為我一直認為網路是未來趨勢，況且Yahoo的出價很不錯；但是，顧總最後還是拒絕了。

不久後，平面媒體終究在時代巨輪的轉動下逐漸黯淡，幕起幕落，網路媒體粉墨登場，成為媒體界的新寵，《跳蚤市場》這本雜誌也自然而然地被Yahoo拍賣所取代了。

在《一手車訊》期間，除了創了幾個幫公司賺錢的媒體之外，當然也有很多失敗的例子。

當所有汽車資訊的流通都在平面時，我發行了隨書附贈的DVD；當大家都還在翻雜誌時，我建議公司創造網路部門；當所有人都覺得汽車節目在台灣沒有生存空間，我卻在民視無線台開了汽車節目。這些跨時代的新嘗試，雖然在最後都失敗了，也賠了公司很多錢，但

是到了現在再回頭看，大家不是都正在做我當時規劃的媒體嗎？

▶▶ 伯樂與千里馬

我在《一手車訊》一待十七年，這十七年來，從助理一路熬到總編輯，從來沒有跳槽，這在汽車媒體界是特殊現象。大多數的編輯都是跳來跳去，而我的資歷在創業前的這十七年都只在一家公司，這在汽車媒體界非常少見。

說起這十七年來，我堅守在《一手車訊》的日子，當中也曾經感到倦怠、萌生退意，但最後都因老闆的支持而堅持下來。我的老闆，52年次，大我5歲，是個性情中人，我也不知道為何他特別喜歡我，或許是我從小到大都特別有長輩、長官緣的關係，公司有一百多名員工，老闆就只會找我吃飯、喝酒、打高爾夫。在公事上，這一路走來，他給了我很多機會，也包容我很多錯事，他賞識我的才能，給我很優渥的待遇。在私底下，

他對我來說不只是老闆，更像是一位大哥，十分地照顧我，他看著我成長，就彷彿我看到很多我親自應徵的員工逐漸在這行業茁壯一樣，那是種成就感，也是雙方的一種默契和肯定。

車訊國際在當時可說是業界數一數二的大媒體，當然要有著各式各樣個性的員工，然而將近百位的員工，大概也只有我敢直接敲門去跟老闆理論，也因為這特殊的「待遇」，我還當過福委會的主委，讓公司每月提撥固定的營收當作福委會的公積金，促成全公司去歐洲員工旅遊。其實，回想這十多年在車訊的日子，在福委會的「戰功」，反而特別令我驕傲。

我沒有很高的學歷，但對車就是有種很特殊的感情，而且不分車價高低。很多人說我運氣好，跟老闆走得近所以升官快，但不論如何，回顧我創立《Go車誌》的這九年多來，如果沒有之前十七年在《一手車訊》當編輯時所打下的基礎，也絕不可能成功。

從稿紙的時代、正片相機的那些日子裡，我學會了很多編務、印務甚至如何誕生一本雜誌的過程，這些對很多人來說可能是不簡單的事情。也因為我努力在這領

域耕耘了十多年，使得我可以在極短時間內了解並駕馭車輛，這些能力都不是天生的。

在《一手車訊》這十多年來，也許我做錯過很多事情，但也撰寫出令我至今依舊印象深刻的文章。2004年我升任車訊總編輯後，更可以盡情地去做想做的嘗試與新刊物，此中當然有失敗、也有成功。或許，總編輯這個位置，就是為了獎勵我這位遍體鱗傷、一直猛攻山頭的部隊長官。

在這樣穩定且被信任的環境中，曾經我也以為會在這裡做到退休。但隨著雜誌出版業的不景氣，我觀察到雜誌的銷量下降、讀者數減少，而且心中一直有股創業的衝動在驅使著我去做新的媒體，因此，最後毅然決然地遞出辭呈，離開待了十七年的《一手車訊》。

然而，直到現在我還是很感激《一手車訊》的老闆顧總，他對員工的信任及照顧是如同親人一般。從公司創立初期我就是其中成員，本也不打算離開，可惜後來我另有志向。離開公司後再遇到他，我仍尊稱他一聲「顧總」。

他是我一生中非常重要的一位貴人。

此輛 March 也準備下場「陪跑」今年 555 台灣區越野賽，多給它些精神上的鼓勵吧。

▲ 1995 年《一手車訊》報導我參加 555 Subaru 台灣區越野賽的剪報。

▶▶ 熱血賽道魂

　　與賽車結緣，是在我擔任《一手車訊》編輯時。在進入汽車媒體前，我就買過兩輛車，開車對我來說一向都不是難事。直到進入《一手車訊》，在一次因緣際會下，我去龍潭 TIS 賽車場採訪 1994 年萬寶路房車錦標賽，這項賽事在當時可是盛況空前，並且是直到今天都無法被超越的年度台灣房車賽事。當時參賽的車手現在應該都已經退休了，少數如 AAI 陳俊杉、格立特二哥陳裕益還在。

　　還記得那天，原本要去採訪的編輯因病請假，臨時打電話給我說：「嘉偉啊，我感冒不舒服，你帶相機去龍潭，幫我拍幾張照片，好不好？」就這樣，我人生中第一次走進賽車場。

　　以前，從來沒人會在我面前炫耀開車技術，我也一直認為自己開得很不錯！而我去的那天，正好是年度超級總冠軍賽；當我看到場上的車手後，才發現自己真的是個井底之蛙！看著場上車手的英姿風采，也激起了我的興趣，一向不服輸的我心想著：他們可以，那我應該也不會太差！於是，回到公司後，我就跟老闆說：「我想跑比賽！我覺得我應該可以跑得比他們快！」

　　當時，公司並沒有具有車手身分的編輯，老闆則覺得，如果《一手車訊》能有車手參與賽事，對公司的形象也有正向的幫助，因此，也大力支持我參與賽事。若出賽時間與上班時間衝突，老闆都相當大方地讓我請假參賽不扣薪，一切以比賽為優先。

　　開始規劃賽車生涯，首先當然是找車。當時賽場上的參賽車輛，幾乎清一色是CV3，競爭太激烈也太花錢。沒什麼本錢的我，決定退而求其次，跑1400c.c.以下，第一，車比較便宜，第二，競爭比較溫和，心裡盤算著：搞不好可以撿個前三名。

　　於是，我花光了存款，以19萬台幣買到一輛三年的中古手排March，車子一到手，當然也免不了一番大

改裝。幸好，新手賽不需要裝防滾籠[2]，讓我省下一筆開銷，然而，我還是換了四條Dunlop D98J的半熱溶胎，以及一組道路版Koni避震器。

雖然，比賽初期我在車子、裝備上已經盡量省錢，但這些賽車的花費還是讓存款見底，天天吃泡麵，才得以下場比賽。

▶▶ 新手賽　嶄露頭角

新手必須參加五場新手賽，才可以晉級TTCC台灣房車錦標賽。當時，我已下定決心，就看這五場比賽了！如果五場比賽都沒名次、吊車尾，我就從此放棄比賽。

當時龍潭賽事是跑全場，1400c.c.這組，我起碼要跑進單圈1分25秒才有機會。

2　防滾籠：在賽車內部以類似水管的柱型物體，沿著車體內部 A、B、C柱等處來組合，其功用是保護賽車車主若遇到車輛翻覆、衝撞等情況，可以減少其所承受之衝擊。

車子改好了，當然要趕快去測試一下自己的實力。星期天的比賽，我星期六就去練車，還找了同事幫我計時，我告訴他，只要跑進1分25秒以內你就舉手；結果我拚老命跑了大約20圈，然而，我同事的手卻一次也沒有舉起來過。

我停好車，心中滿滿的沮喪，卻還是故作堅強地走下車，開玩笑地問他：「嘿，你的手是舉不起來喔？」

結果那位同事告訴我，我的成績都在1分28秒上下。我心想：「天哪！冠軍大約是單圈1分22秒，那跑個20圈，我不就被他『套圈』了嗎？」就在我十分氣餒的同時，我賽車生涯中的第一位貴人出現了，他告訴我：「不用擔心，比賽跟練習時不一樣，比賽通常會快個3～5秒。」

當下我半信半疑，但事實證明他說的是真的！這話套用在我身上正好。後來參加的三場新手賽，我一共拿下了冠、亞、季軍各一個，最佳單圈1分23秒左右。後來，我不用跑足五場新手賽，三場就晉級TTCC台灣房車錦標賽了！

▰▶▶ 盛況空前的TTCC房車錦標賽

　　從新手賽晉級到TTCC之後，又是一個門檻，因為，光是安全改裝就很花錢，一組合格的防滾籠起碼3萬以上，沒有雄厚資本的我，只能很克難的用鐵管焊接，完成一組自製的（土炮）防滾籠。

　　接下來，從1995年到1998年，我連續四年都參加了全年度的TTCC。比較遺憾的是，2005年萬寶路退出贊助之後，我就沒有再參加了。

　　這幾年的賽事下來，我發現一個特別的現象——我大部分的獎盃都是在雨天獲得，只要比賽時是下雨天，我幾乎都可以拿下不錯的名次，印象最深的是1997年的一場賽事，當天的雨幾乎像是用倒的一樣，而那場比賽卻是我在龍潭賽車跑得最順的一次，不僅順利奪冠，還比第二名快了足足一圈之多。

　　幾年的比賽跑下來，我發現賽車真的是花錢的運動。也因此我常說：在台灣跑比賽，家裡真的需要有一塊很大的地讓你敗，否則，就只能是陪跑的分。而我有

幸作為編輯，擁有媒體身分，所以這期間獲得許多車廠的贊助，包括最傷本的輪圈、輪胎、機油等，對此我真是由衷感謝各大車廠的協助。還有《一手車訊》的老闆也贊助、支持我參賽。但說實話，即使有贊助，我還是投入了大筆的金錢。

▶▶ 最難忘的台灣區越野賽

TTCC是我賽車生涯的主要參賽賽事，但是，最難忘的當屬1996年555 Subaru的台灣區越野賽了。

這場比賽在花蓮舉行，因為有「菸商」贊助，規格與盛況非同小可，為了進行比賽，封街又封山；開幕當天，花蓮縣長親自來鳴槍，比賽前繞行花蓮市區的遊行更是萬人空巷，因此能夠參與當時的那場賽事，對我來說真是與有榮焉；時至今日，不論是龍潭還是大鵬灣，我想應該再也難有當時比賽的盛況了。

越野賽跟房車賽不一樣，房車賽可以專注在追求個人表現，然而，越野賽如果只求個人表現，下場可是會

很淒慘的。越野賽必須靠團隊合作才有可能順利完賽。

　　由於這場賽事非常盛大，算是台灣車界的一大盛事，因此，我的老東家《一手車訊》決定組隊參賽、共襄盛舉。《一手車訊》廣邀當時在台灣非常出名的車手，並且以「CarNews Rally Team」的名稱參賽。當時受邀的車手各個大有來頭，第一位車手是高清榮大哥，老一輩的車迷應該都聽過他，說到越野賽，他可是數一數二的高手，他的參賽車Ford Cosworth 4WD，更是越野賽車界中的經典車款；第二位車手則是高清榮的大哥高清涼，當然也是我們車隊的主力車手，賽車同樣是Ford Cosworth 4WD。有這兩位車手的加入，不只我們拿贊助比較容易，媒體關注程度也提高了許多。第三位是國內知名的車手李一統（統哥），最後，再加上我這個最不被看好的新手，這四輛車（嚴格來說應該是三輛半）、四位車手，就是我們參賽車隊的陣容。

　　為什麼說是「三輛半」的車呢？因為，我的參賽車還是1400c.c的小March，然而，越野賽的規則中沒有1.4以下的組別，所以我被併到1.6這一組，也就是說，

我必須用1.4的March
跟一大票的CV3一起
跑，心裡總覺得還沒開
跑就輸一半。

由於555 Subaru台
灣區越野賽，是符合
FIA、APC亞太盃越野
賽的規格，所以亞太盃
的裁判、驗車人員會來
台灣監督車輛規格，例
如塑膠水管「糊」成的
防滾籠當然過不了關，

▲ 《一手車訊》時期，參加1995年
555 Subaru台灣區越野賽。

而我的土炮防滾籠也不合格，看來花錢大改裝是逃不掉
的了。幸好，我們車隊有贊助商支持，讓我得以幫「戰
車」做一番大改裝，以符合越野賽的規則。於是，小
March進廠改造：拆引擎、全車點焊、全新防滾籠、避
震器、底盤護板、車內儀表等，全部換成越野賽規格，
連電腦都重新調整。大改造後，我的小March煥然一
新，變成了超級March！

車子的問題好不容易解決了，但是，越野賽還有另外一項令我頭疼的規定，就是一輛車內除了駕駛之外，還要有一位副駕駛。以車手資歷來說，1995年我才初參賽，因此，1996年我在賽車界來說還算是小鬼一個，我心想：要當我副駕駛的人，他首先必須有很大顆的心臟，再加上巨額的保險吧！

我的副駕駛人選持續從缺，而我對此也煩惱不已。就在一切很絕望之際，突然有一天，老闆很高興地跑來找我說：「小偉！我找到你的副駕駛了」。

沒想到，老闆口中的副駕駛人選竟然是當時車界人稱「保魯斯」的張瑞鋒大哥！他不但是MIT五大車手，更是龍潭TIS單圈紀錄保持人，別說他當我副駕駛，我自認幫他洗車都還不夠資格。雖說總算找到了副駕駛，鬆了一口氣；但一想到比賽時，有這樣的高手坐在我旁邊，壓力反而更大了。

不過，當時距離比賽只剩下不到一個月，車也花了大把鈔票改好了，壓力歸壓力，已經沒有反悔的餘地，我這個車界的新手小鬼只好硬著頭皮，跟著這些老大哥一起上場了。

　　1996年「555 Subaru台灣區越野賽」堪稱是當時車界的「大拜拜」，你想得到的著名車手、車隊都來了，報名參賽車輛120輛，車號以車手參賽資歷、成績來編排，因此，車輛編號愈後面，就代表你賽車的資歷愈淺。這項制度是因為比賽時一分鐘就發一輛車，新手在前面的話，可能很快就會被後面的車追到。

　　我們車隊的編號也很有趣，那三位車界的老大哥，一個2號、一個3號、一個9號，而我呢？是遙遙落在他們後面的──66號。看到這個編號結果，我只能安慰自己，這個號碼很吉利，除此之外真是沒什麼可說的了。我這個毫無名氣的新手，又遇上車隊中有三位明星車手，除了對自己在賽場上的表現壓力很大之外，在維修區，我也都必須讓大哥優先，自己默默撿人家剩下的時間才進去維修。

　　編號66號車的參賽狀況，用個簡單直白的說法，大家可能會比較好懂：第一輛車出發後，要過66分鐘後才輪到我，所以我大概可以看完一份報紙、吃完早餐，順便洗個澡再上個大號……才輪到我。每天的比賽結束後，車輛要進入管制區停放，禁止維修跟改裝，隔天會依照前一天的成績重組出發順序，如果你的第1天跑總

成績第10名，第2天就是第10位出發。

　　雖然，參與這場盛大賽事時，我不過是個名不見經傳的新人車手，但是，至今回憶起來，我還是要說：「有幸參與這場賽事，真的是不枉此生！」

　　在漫長且慎重的賽前準備後，比賽就在那年的冬季，於風景秀麗的花蓮登場了。

　　賽程總共要跑三天，全長約400公里。SS計時路段則有100多公里，而其中最長的路段是花蓮到台東的「瑞港公路」。所謂SS是指越野賽中的計時路段，除了會封路（沿路不會出現人、車，但動物不在此限），每個SS路段之後通常會有維修區。而SS路段的計時方式是，比如：你在11點05分發車，然後於11點08分27秒通過終點線，就表示你這段路跑了3分27秒；賽事3天下來總共約18個SS路段，路段有長有短，再把各個路段的成績加總計算，而總成績就是這樣來的。

　　第1個SS路段是SS1，名叫「東方夏威夷」。這個路段應該算是SSS超級計時路段，也就是所謂的「作秀」路段。這個路段全長只有1.5公里左右，但因為東方夏

威夷是一個旅遊景點，所以沿途滿滿的都是人。因此，還記得，當裁判說：「5、4、3、2、1……」的時候，我竟然全身發抖。

萬萬沒想到，在SS1這個路段時，我們車隊就出狀況了！最被看好的2號車──高清榮大哥，他的Ford Cosworth 4WD居然撞上電線桿，Cosworth的車頭真是硬，把一根水泥柱撞斷，車子卻沒什麼大礙，但因為水箱破裂，所以還是必須退賽。事後，聽說他為此還收到花蓮縣政府上萬元的求償罰單。

到了SS2路段，路段名稱是「鯉魚潭」，這是一個環潭道路。在這個路段，我們居然又折損一輛車！那天因為飄點小雨，路面有點溼滑，再加上鯉魚潭的環潭道路只有單線道，一半是柏油路，一半是綠色的油漆，這會讓沒有循跡系統的比賽車，只剩單邊的抓地力，而另一邊容易發生打滑的危險。統哥的車就是因此打滑後，又掉入旁邊的大水溝，而宣告退賽的。當時他的參賽車是Citoren ZX 16V，這輛車在當時的名氣勝過現在的GTI。

而我，因為March輪距小，剛剛好可以閃過鯉魚

潭綠色的地面油漆，幸運地「逃」過了前兩個路段的難關。接下來，我開著March順利地完成了第一天的SS1到SS5這五個路段，就在一切都跑得很順的狀況下，來到最後一個SS6，悲劇輪到我了！

SS6之前有一個維修時間，當時維護我的後勤是「三國野郎車隊」。老一點的車迷應該都對這個車隊很熟悉。由於前面四個SS我衝得太猛，負責維修的技師建議我換掉輪胎跟煞車油，沒想到，這一換反而出事了。

SS6路段一出發，我就驚覺大事不妙，因為車子沒煞車了！過程中只能靠手煞車跟強迫降檔減速，還好車的電腦換了，引擎可以達到一萬轉，否則我在那個路段就只能宣告退賽了。在沒有煞車的情況下，最後的SS6路段，我等於是用龜爬的方式跑完該計時路段，沿路當然被一堆後面出發的車輛追過。事後發現，原來是技師在更換輪胎時，忘了把金屬煞車油管固定住，使得油管磨到輪圈內側而破裂，導致煞車失靈。

因此，第1天的賽事結束，我們就折損了兩輛車，而我，算是在維修失誤中僥倖存活下來的一輛。永遠記

得老闆在第1天賽事結束時對我說的第一句話：「X！花100多萬，卻爽不到半小時。」是的，賽車確實是一項燒錢的運動。

第1天賽程結束、成績公布，扣掉退賽的車輛，剩下87輛車繼續在賽場上準備進行第2天的比賽。而你們知道我第幾名嗎？正是87名。一條煞車油管毀了我的成績，我只能安慰自己：「沒關係，還有兩天慢慢追，起碼我還在賽場上。」

這次比賽讓我印象最深刻的，除了賽事的規模、團隊的合作之外，就屬花蓮熱情的民眾了。每次只要到了RS路段[3]，隨時都會有民眾追上來把礦泉水、檳榔丟進車內，而在米棧、外役監獄等賽段，則有許多小朋友搬著凳子，爭相排在賽道兩邊觀看比賽，手中還熱烈揮舞著我看不懂的旗幟。時隔二十多年，這些賽道沿途的景象至今仍然歷歷在目。

---

3 RS路段就是「非計時路段」，每兩個SS路段中間，就是由RS路段來連接，該路段的路旁會有一般民眾，因此，所有比賽車必須遵守交通規則、禁止超速。RS路段不計時，但禁止維修車輛，大會會先訂出你到達路段終點的時間，遲到一樣要罰秒，但其實只要正常行駛，一定能在規定時間內抵達。

三天的比賽結束，我的總成績排位第17名，分組第7名。雖然沒拿到獎盃，但我總算通過了那許多越野賽車手夢寐以求的終點拱門。辛苦了幾個月，我終於跟我的搭擋保魯斯並肩站上拱門，那一刻、那份感動，我一輩子都忘不了。這也是我參賽以來，第一次流下眼淚。

這次比賽讓我印象深刻，也成長了很多，深深體悟到一場成功的比賽，車手、車輛、車隊等種種因素都要彼此配合、缺一不可。

▶▶▶ 永遠的賽道魂

1999年我跑完TTCC，公司成立了《Option》改裝車訊，我從《一手車訊》的編輯變成《Option》主編，我也因此淡出了台灣房車賽事。

2000年應當時Nismo台中經銷商經惠貿易的邀請，成為他們的簽約車手，參加了2000年的TTCC。

2000年的TTCC賽事，我的狀況不錯，第一場就

拿下冠軍，第二場則是亞軍，但是，就在第三場比賽開賽的前兩天，車隊老闆突然發生意外，就這樣，車隊在比賽前就意外地提前結束。而這次車隊的結束也等於宣告我將退出台灣賽車界，原本這一年我很有機會可以拿到年度冠軍的，可惜事與願違，留下無限悵然。

2000年後，我偶爾還是會出現在龍潭，但大多是車廠活動，或表演性質的下場跑一下，生活重心逐漸從賽場拉回到工作上。然而，在我的內心中，從沒忘記花蓮小朋友熱情揮舞著旗幟的畫面，也沒忘記龍潭賽場的每一個彎道。

五年左右的賽車生涯，也正好讓我「學以致用」地發揮在現在的車評工作上，我也總是毫不保留地將自己對車子的感受，透過鏡頭呈現給每一位觀眾。

後來有不少人問過我，甚至對岸的車隊也問我願不願意繼續比賽，我都是指著自己的肚子，然後告訴他：「你去找個瘦一點的吧。」我只希望那段美好的回憶，不要因為再次投入而變質。有時候，我還會翻出當時的賽車服，聞看看是否還有當時的汗臭味、汽油味，感覺

這一切彷彿是昨天才發生的事情,但其實一轉眼已經十年過去。

沉寂多年後,這幾年我又重新投入賽場。

很多人問我又出來比賽幹麼?比贏了,是應該的;比輸了,不就一世臭名?其實,這些我都想過了,也很清楚自己現在參賽的目標已經不再是成績了。我的目的很簡單,四個字:「共襄盛舉」。我不再是為獎盃、為個人成績跑,而是為了台灣的賽車界跑!我單純地希望,能以我與《Go車誌》的力量,讓台灣賽車更壯大,讓更多人知道台灣也有賽車!

2013年,我與大鵬灣的經營團隊開會。坦白說,我很感動,感動在台灣原來仍有很多人抱著理想,默默地為台灣的賽車界付出,跟他們比起來,我根本不算什麼。不管是現在的大鵬灣或者未來的麗寶賽車場,跟十多年前的龍潭TIS賽車場相比,現在的賽車環境好多了。

還記得阿杉哥說過一句話:「台灣的賽車很棒,台灣的車手很屌!」的確,看到這些為台灣賽車努力的人,我期待也相信台灣賽車環境一定會有美好的願景與未來。

▲ 我與《Go車誌》車隊的頭盔。

▶》 賽車　跑出我一身的機械細胞

　　賽車，除了是我的愛好之外，更熬煉了日後我在汽車媒體專業上的能力。

　　隨著賽事經驗值的累積，車子的配備也必須不斷地升級，當時沒有資金的我，為了省錢，很多裝備都是自己製作，這也迫使我在車輛機械的知識上不斷精進。賽車，對車輛來說是一種將車輛性能發揮到最大值的活動，高速駕駛、過彎等，在在都挑戰著車輛性能的極限。因此，在賽場的車手對自己的車輛，大至引擎，小至一個輪胎的角度、螺絲的鬆緊，都要毫釐必究、戰戰兢兢！只要螺絲鬆了一點、輪胎角度歪了一些，單圈成績就會差個好幾秒。所以，車手的身分讓我無時無刻不注意車輛的狀況，並養成對車輛機械結構的敏感度。只要車子駕駛起來有一點點不對勁，我都會立刻發覺，並即時推斷出問題所在。因此，在《一手車訊》擔任汽車編輯時，我向來都比較擅長撰寫車輛的操控與性能方面的文章。

▲ 《Go車誌》的賽車裝扮。

▲ 我與《Go車誌》車隊。

　　之後，我更將這樣的專業能力運用在車評工作上，不論什麼樣的新車，我只要上路開個幾分鐘，舉凡：手自排、自手排、單離合器、雙離合器等，都可以很快判斷出來；甚至關於車輛引擎與變速箱匹配的優缺點、底盤的轉向特性與優缺點等，都逃不過我全身每一個細胞的感覺。

　　舉一個例子，2015年我試駕 Mondeo hybrid，但試駕時感覺車況不佳，當下推測是避震器壞掉，跟福特反映後，車廠人員有些驚訝也有些懷疑，因為這輛車在我試駕之前已經提供給超過20家媒體試駕過了，卻都沒有任何一家媒體有這樣的回饋。然而，在我的堅持下，福特為了慎重起見，最後還是將車子送到濱江保養廠。當天下午，福特的公關經理就打電話給我，證實車內確實有一支避震器壞了，但居然沒有其他媒體提出這個問題。

　　另一個案例是 Toyota 的 Rav4 在福隆辦試車。車子從國外運來台灣前，原廠為了避免車子在運送過程中輪胎接觸地面後扁掉，因此都會先將胎壓打飽，讓輪胎呈真圓狀，如正常胎壓是 250kpi（36psi），會打到 400

kpi（超過55psi）。這輛車應該也不例外，只是這車到了福隆後，可能為了趕著讓媒體試車，工作人員忘記降胎壓，因此，現場所有媒體就在不知情的狀況下試車。乘坐高胎壓的車輛，就如同坐在未爆彈上，隨時有爆胎風險，相當危險。然而，當天卻同樣沒有任何人發覺車輛的異常狀況，甚至，試駕後發表出來的文章，也全都是正面、讚揚的內容。

而我，是在發表會後的第三天才到現場試車，一上車就感覺不對，馬上下車調降了胎壓，才開始試駕。之後，立刻通知原廠公關一併調整其他所有試乘車。

長期玩改裝的訓練，加上車手的身分，使得我對車輛機械方面的感受力和敏銳度都很高。然而，比較遺憾且驚訝的是，現在大多數汽車媒體編輯對車子的感受力實在是有點遲鈍啊。

這幾年，我又重回賽場，現在跑比賽和年輕時最大的不同是，我車子的裝備愈來愈好！我常開玩笑地跟公司裡的年輕人說：「我現在年紀和體力輸你們，只好用錢來贏你們！」結果，也真的抱回了幾座獎牌。

然而，說實話，輸贏對我來說已經不是重點，現在跑比賽，除了心中不滅的賽道魂，主要是想為台灣的賽車盡一份心力。

同時，也希望公司裡的年輕編輯能投入賽車，因為我深知，參與賽車可以快速提升你對汽車車體結構的知識；成為車手，可以打開你身體每一個細胞去感受車子在行駛中的性能與狀態。

國外，好幾位有名的車評都同時具有車手的身分，只是，這個風氣在台灣還不盛行。我私心地盼望汽車媒體界的年輕人也可以嘗試看看。或許，因為投入賽車必須要耗費大量的時間和金錢，所以大家都望之卻步，但是，「不入虎山，焉得虎子」。想要練就自己對車子的機械專業度與性能操控力，賽車，是一個公開的武林祕笈！

　　自我開車上路以來，對於台灣的用路環境，有以下三個心得：

　　第一、台灣是全世界紅綠燈最密集的國家。

　　第二、台灣都市的整體道路規劃歪七扭八。

　　第三、台灣的道路永遠不平。

　　歐洲國家大多以圓環來取代紅綠燈，而台灣還在到處設立紅綠燈，使得駕駛員花費許多時間在等待上。而我們的都市規劃，在道路的整體設計上，只有「歪七扭八」四個字可以形容。

　　尤其是台北這種較早發展的都市，在規劃馬路時，還會刻意繞過達官貴人的土地與房屋，所以整個台北市地圖攤開一看，會看見很多不合理的小叉路與彎路。其實像日本東京也是歷史悠久的老城市，但是人家的道路規劃是接近方方正正的棋盤狀，整齊劃一。歪七扭八與整齊劃一，你覺得哪一種道路比較好走？

　　道路不平又是另外一個問題。儘管台北市在郝龍斌任職市長期間進行了六年的「路平專案」，道路還是經

常在挖、永遠不平。不只汽車用路者不便，就連行人專用的人行道也是坑坑巴巴，每到下雨天，地上就會出現積水，不小心腳一踩，或一輛摩托車騎過去，水就噴得你一身溼。

　　每個人都抱怨過：「為什麼台灣的路永遠修不平？」因為台灣的道路工程是「養工處」負責，再發包給底下的私人營造單位，而這些私人營造商為了標工程，不免會有削價競爭甚至賄賂的手段產生。而且，不論是哪一個政黨執政，都沒有人真正有魄力來處理這個問題，台灣的道路工程永遠在殺價、收受回扣的惡性循環之下進行，請問：台灣的路怎麼會有平坦的一天？

　　因此，在我看來，台灣的用路者與汽車駕駛者，都是非常可憐的。當你買了車，晉身為有車階級的那一天起，你就開始面對台灣這些不公平、不合理的用路相關法規。

　　經過我這18年來全世界到處跑的觀察，台灣汽車相關的稅金繳得比其他國家都高，買車金額又比人家貴，汽油價格也相對較高，但是，用路環境卻並沒有其他國家來得好。唯一一個比人家便宜的是計程車，在全世界來講，台灣計程車的收費算是相對便宜的。

另外，台灣人的用車習慣也是造成交通亂象的原因之一。台灣人的用車原因千奇百怪，有些人到隔壁巷子口的便利商店也要開車或騎摩托車，和國外相比，台灣人相對不喜歡步行，也不擅用大眾交通工具。然而，對於地狹人稠的台灣來說，用車者太多當然也是造成交通擁擠的原因之一。

　　整體而言，先天不良的用路環境，加上後天失調的用路習慣，造就了目前台灣整體交通的亂象。就我這一、二十年的親身體驗，台灣與世界其他先進城市相比，其用路環境是相當落後的。這個問題跟今天台灣是哪一個政黨執政都無關，而是至今尚未出現一個有魄力的政務官或民意代表願意出來好好改善這個現象。我們的高速公路、交流道、高架道路、紅綠燈設置等規劃，都有很大的問題。為什麼會有這些問題產生？因為規劃設計的人都是坐在辦公室吹冷氣、沒有實際體會過用路人需求與辛苦的官員。

Go車誌：
台灣汽車媒體的奇蹟

3
CHAPTER

1
5
4
2

▶ 伯樂終究留不住千里馬，
我離開了《一手車訊》，成立了《Go車誌》。
之後，以黑馬之姿，《Go車誌》一衝而進大陸的汽車媒體市場，
也躍上了世界的舞台。

M-Benz SLR——2005年於南非試駕

對於很多車迷來說，有機會與SLR相處甚至駕駛它，都是很難得且寶貴的經驗。而2005年，我就在遙遠的南非，與它相處了四天！至今仍是我難以忘懷的一輛車。

南非是右駕國家，而我們拿到的試乘車是左駕！光這點你就得花個大半天去適應，再加上當時的SLR在路況不是很好的南非道路上，你得同時適應方向，以及盡可能地閃躲不平的路面。

SLR長車頭的特性，轉向的時機點要比一般車來得早，特異的側排（排氣管在車側）所產生的聲浪非常特別，我記得當時的SLR是五速自排，搭配大馬力的輸出特性，每換一次檔位都讓我全身從頭抖到腳。老實說，駕馭它你真的要很有愛，因為非常的不舒適，甚至會讓你滿身大汗。

　　而除了M-Benz SLR之外，另外值得懷念的是當時與我同行的一位前輩。他是位和藹的老先生，在南非的那五天，陪伴他的除了SLR之外就是我了。我帶他去好望角看剛剛出生的企鵝群，與他在黃昏的開普敦海港吃海鮮，開著SLR勇闖治安不是很好的貧民區（停紅燈會突然有人來開你的車門）。這些難忘的回憶至今依舊清晰，彷彿是昨天才發生的事情。

　　遺憾的是，這位可敬、可愛的前輩——敖爺——已經不在人世了。每當我看見這張他幫我拍的照片，就會想起這位令人敬重的前輩。

▶》《Go車誌》的誕生

2007年，我嗅到一種改變的氛圍，網路平台已如大軍壓境般入侵了媒體的大環境。同時，《一手車訊》的銷量也逐月下滑，我開始意識到汽車媒體恐怕無法單靠紙本雜誌來吸引讀者了。因此，開啟我想嘗試做汽車影音的念頭。

2007年7月25日，我對當時的老闆說：「顧總，我要做影音。」老闆一臉狐疑地問：「什麼影音？」我解釋：「就是拍影片，放在網路上，像電視一樣，直接play就可以看到車子的介紹。」老闆一聽，不屑地回我：「那個不會賺錢啦！」我也不服氣地說：「但我就是想做。」老闆說：「好啊，那你離職啊！」

於是，我就毅然決然地寫了辭呈，而顧總也在氣頭上批准了我的辭呈。

顧總不看好影音，或許是因為我才剛剛做垮了在民視無線台的汽車節目《買車王》，這個節目苦撐了一年，最後還是倒了！每週一集的節目必須包100秒的廣

告，10秒26,400元台幣，也就是說，一集的直接成本就是264,000元台幣！一個月四集就是超過100萬的成本！而通常電視台絕對不會把汽車節目放在昂貴競爭的八點檔，因為就算放在八點檔，汽車節目再怎麼做也打不贏張菲和吳宗憲的綜藝節目！

而節目放在冷門時段，就得面對車廠廣告不買單的現實，所以做《買車王》那痛苦的一年中，我必須賣自己《一手車訊》總編輯的老臉去跟車廠要廣告，每週要、每天要，這對於一直都是在編輯部的我來說是一大考驗，「業務」我確實不在行啊。然而，在這樣煎熬的磨練下，也讓我對汽車影音節目有了更多的想法。

如果說，在《一手車訊》編輯部十幾年，讓我熟悉了製作一本汽車刊物從無到有的過程；那麼，在民視無線台一年的《買車王》節目中，我則是學到了如何創造一支汽車影片。

2007年8月，我正式離開《一手車訊》，而我的公司也在同年8月1日成立。8月的第一個星期六，我的新節目在民視交通電視台數位頻道開播。

至於《Go車誌》這個節目名稱，是當時交通台的台長趙善意（現任中視總經理）幫我取的。還記得那天我到民視交通台樓下找他，和他討論節目名稱，我說我離開《一手車訊》了，之前《買車王》那個節目已經倒了，我也不想再用這個名字了，沒想到趙善意很快地說：「買車王？嗯，那就叫購（Go）車，Go車誌好了。」

　　因此，2007年，我的《Go車誌》就這樣正式成立了。而《Go車誌》的成立也象徵著台灣汽車媒體轉變的一個里程碑。

　　說起《Go車誌》的初起步，一切都要感謝趙善意台長，那時他給了我許多免費的資源，包含：免費的時段、免費的攝影棚、免費的化妝師、免費的主持人搭檔，足足二年的時間，完全不求回報的支持，直到他離開交通台。對於初創業、沒有資金的我，給予極大的幫助。

　　和趙善意的好交情，應該是始於我之前幫他錄了五年的《風雲車壇》。還記得他當初找我錄這個實況LIVE的節目時，我毫不考慮一口答應。其實，汽車節目的收

視族群很窄，我接下這個節目時，也不奢望自己會因為當個汽車節目主持人就大紅大紫，只是單純覺得「汽車媒體影音化」一定是未來趨勢。

錄LIVE節目真的是個大挑戰，剛開始時，導播一喊「5、4、3、2……」，我就緊張得發抖。還有一次，因為攝影棚剛裝潢好，味道非常刺鼻，結果在節目中我無法克制地一直流眼淚，網友還在交通台的版上開玩笑說：「嘉偉哥今天哭好慘啊……」回想起來，LIVE節目的趣事還真不少，突發狀況更是多，這都考驗著主持人的臨場反應。直播節目主持人要能立即反應、自圓其說，這也練出了我面對鏡頭時講話的藝術。多年的LIVE主持，最大的收穫即是：造就了流利的口條。因此，現在錄製車評或是上電視節目，我都能夠一氣呵成地講完，讓導播可以一鏡到底不喊卡，所以電視台都喜歡找我去錄節目。而這些年訓練出來的台風、口條、反應力，也成了我與《Go車誌》成功的關鍵。

說起趙善意先生，他可說是我進入汽車影音媒體界的一個貴人，至今我心中仍然十分感謝他。

當年離開《一手車訊》，成立公司做影音媒體時，大家都不看好，認為我大概撐不過半年吧。那時的我年近四十，身上存款不到10萬，說實在已經沒有年輕人不怕失敗的本錢了，因此我也懷著壯士斷腕的決心，心想如果創業不成，乾脆就去開計程車直到退休算了。

正當我徬徨在這個人生的十字路口時，感謝趙善意先生順勢扶了我一把，無償提供我許多資源，讓《Go車誌》得以有機會踏出第一步。這份恩情我始終放在心中，《Go車誌》七週年慶宴請車商時，我特意邀請他一同前來，希望能對他有些幫助。我是個有恩必報的人，「食人一口，還人一斗。」對於那些曾經幫助過我的人，往日恩情我都感念在心。

▶》 一人媒體的血淚史

我記得很清楚，8月1日創立《Go車誌》，試駕的第一台車是Peugeot 207，在大佳河濱公園拍攝，正好碰到《一手車訊》的同事。他看我在8月的大熱天，太陽

正是毒辣的時候，拿著攝影機在拍攝，就問我在幹麼？
我說在拍車，他回公司與其他同事閒聊時就調侃我：
「朱嘉偉那個白癡，放著總編輯十多萬的薪水不做，跑
去做沒人看的video，肯定三個月就倒。」

　　這些話後來輾轉傳到我耳中，說實在的，當時我
也很懷疑自己能否撐下去？因為，除了民視交通台的支
持，我手頭並沒有多餘的資源撐著自己做節目。唯一有
的，就是我準備了8萬台幣當頭款，打算如果《Go車
誌》失敗，就買一輛計程車開到退休。說來好笑，我做
了十幾年的媒體，天天接觸車，現在辛苦創業為了車，
而就算最後的退路也還是——車。

　　《Go車誌》的創立很艱辛，離開雜誌社做影音車
訊的頭幾年，我都是吃老本。每天早上搭公車到各個
展示間借試乘車，譬如說：裕隆在新莊，我就到新莊牽
車，再到民視工程部去借攝影機，然後一定要趕在民視
記者下午三點出去跑新聞前還器材，再將車開回車廠，
自己再搭公車回家。這時通常已經晚上七點多，晚餐隨
便從便利商店帶泡麵與咖啡，或在麵攤買碗陽春麵，到

家就坐在電腦前剪輯影片,直到凌晨三、四點,最後將成品上傳到無名小站,洗澡、睡個覺。一天往往休息不到兩個小時,隔天起床繼續試車。

這樣的日子,持續了四年半,我獨自一人包辦拍攝、收音、網站管理、影片剪接等所有工作。培養了我許多能力與耐力,但超時、過勞的工作同時也把身體搞壞,讓我的體重從60公斤一路到現在不太健康的82公斤,肚子還成為網友調侃的目標之一,但我從不以為意,因為我不是藝人,我只是一個汽車媒體工作者,外表對我來說真的非常不重要。

▶▶▶ 《Go車誌》在民視交通台的日子

《Go車誌》2007年在民視交通台開播時,一週一集,每個禮拜六播出1小時的時間,但實際錄製的內容只有45分鐘。這時期的《Go車誌》節目內容包含車輛新聞和新車試駕。車輛新聞主要由民視工程部拍攝,通常是新車上市的新聞,這部分會由女主持人以新聞播報

的方式去介紹；而新車試駕的部分，就由我去找一、兩輛新車試駕，自己帶攝影器材去拍攝外景畫面，進棚錄影前，我會先擬好一些問題，先和女主持人對稿，以她問我答的方式來介紹車子。

當時和我搭檔的女主持人有三位：段可風、李冠儀和馮媛甄，當時這三人在主持界都算是初試啼聲，在《Go車誌》節目的成長和學習也都讓她們印象深刻，因此，至今我和她們三人都還偶有聯絡，也常聊起合作《Go車誌》的日子。

但我印象最深的是民視交通台當時的工讀生王瑋瑜，一個工讀生配上一個生疏的汽車講評，我要學的很多，她要學的更多，但也因為我們都是攝影機前的新人，反而讓觀眾覺得不做作、自然。《Go車誌》在民視交通台後半期，瑋瑜（鮪魚）就跟我在一邊摸索、一邊成長下，逐漸被大家接受。

《Go車誌》大約在民視交通台播出了兩年的時間，隨著台長趙善意的離開，新任台長不再提供免費資源，《Go車誌》也結束了在民視交通台的日子。

《Go車誌》的成功，趙台長的提攜是關鍵，另外一個關鍵就是網路迅速的發展，在一次意外的聚會中，我認識了「Yahoo汽車」的經理，他非常支持我將民視錄製的影片，分段放在Yahoo汽車裡，那個時候Yahoo剛剛收購了無名小站，我也就順理成章地把影片放在無名小站，讓原本只有圖片、文字敘述的Yahoo汽車，多了一些生動的汽車影音。

▶》《Go車誌》讓YAHOO「抖」一下

　　Yahoo奇摩汽車頻道的莊英楷William對我說：「我請工程師做個電視框，你要不要試著把影片放上來看看？」網路這個免費的平台，正適合當時缺乏資金的我，於是《Go車誌》就這樣開始在奇摩汽車上曝光。

　　雅虎奇摩是個入口網站，而且是個很紅的入口網站，因此，它每天的流量、網友報到率、點閱率，都是很穩定的。但沒想到，我《Go車誌》的影片剛放上網站的時候，居然可以讓網站每日非常穩定平緩的流量曲

線圖出現向上攀升的變化。分析其原因是：入口網站最在意的是網友停留時間，閱讀純文字和圖片所需時間比較短，而我的製作的 video，能讓網友花十幾分鐘停留觀看，進而造成網站流量上升的變化。

就這樣，一合作就是幾年的時間，到現在觀眾除了在 YouTube 之外，在 Yahoo 汽車也仍然可以看到《Go 車誌》的試駕影片。也因為在 Yahoo 汽車的曝光，讓車廠看到了《Go 車誌》，否則在《Go 車誌》成立的前四年，我幾乎收不到任何車廠舉辦的國內試車邀約，如今不僅國內試車邀約不斷，每個月甚至還要飛兩趟的海外試駕。

另外一個關鍵就是 YouTube HD 平台的誕生，它的出現很快地取代了無名小站，也救了《Go 車誌》！

因為無名小站並無 HD 畫質，網友在網路上看到的影片品質當然不及電視，而 YouTube 的出現，讓《Go 車誌》在網友的心目中，從後宮丫嬛轉為正妃！更清晰的影像剛剛好解決了《Go 車誌》最弱的一環，不論你用手機看、電腦看、平板看或者分享到電視螢幕看，清晰無壓力的看完一支試車影片，這比閱讀書本來得容易，而且更容易吸收。

2009年，《Go車誌》的主要平台為YouTube，之後，因著網路的無遠弗屆，我的影片被大陸網友瘋狂從YouTube上盜版、轉載，使得大陸的網路平台，如優酷網、土豆網等，紛紛主動找上門來談合作、買獨家，《Go車誌》正式駛入大陸的市場，也開啟了我未來在大陸成功的契機，說到此，我還真要感謝那些網軍，大量盜版我的每一支試車影片。

▶》《Go車誌》在大陸「火」爆了

五、六年前，我應土豆網之邀去大陸的電視台錄製節目，在廣州車展的舞台。節目進行到一半，突然有一名中年男子走進攝影棚，後面跟著兩名狀似保鏢的黑衣人，他手一抬，霸氣地說：「暫停錄影。」然後，直直地走到我的面前，微笑地向我伸出手，我跟他握了手，他客氣地遞了一張名片說：「我去台灣找你！」然後一轉身，走出了攝影棚。

我低頭看了名片，名片抬頭十分簡單，就寫了「大陸汽車之家——李享」，當下我沒想太多，但一抬頭，卻看到在場媒體，包括新浪網的主管等人，每個人都臉色發白，一臉驚訝地說：「你知道他是誰嗎？」我說：「不知道啊，是誰？」他們說：「他是大陸汽車媒體界的奇蹟啊，他居然親自來找你！」

後來我才知道，李享是大陸最大的汽車網站「汽車之家」的總裁，在美國和大陸都有股票上市，李享本身其實並不是很懂車，但他擅於經理營管理，而造就「汽車之家」的成功，也使得李享被譽為大陸汽車媒體產業的奇葩。

說起《Go 車誌》在大陸的成功經驗，真的要歸功於那些盜我《Go 車誌》影片的網友。為此我做過點閱量分析，那些我自己上傳到優酷網的影片，點閱數頂多50～60萬；然而，同一支影片的盜版點閱數累加起來卻突破1億。你隨便在百度搜尋《Go 車誌》，搜出來的量多得驚人，點閱數也高得嚇人，所以，土豆網、優酷網都希望能與《Go 車誌》合作。因此，平心而論，我真

應該要感謝那些幫助《Go車誌》在大陸網媒中快速傳播的網友。現在，大陸的車廠無一不知《Go車誌》來自台灣，也都認識這個來自台灣的朱嘉偉，關於這一點，我非常驕傲。

對岸的車廠，經常邀請我去試駕，因為大陸汽車的市場很大，車廠的預算也很高，所以大陸的試駕邀約，除了十分優渥的酬勞，交通住宿更必定都是高規格，如來回商務艙機票、住宿五星級飯店等，對我可說是百般禮遇。

其實，兩岸的汽車媒體現在也開始有許多人在錄製車評影片，但會發現包括影片拍攝的角度、剪輯的流程、內容的順序、主持人的口條等，都明顯在模仿《Go車誌》。這對我來說不是壓力，反而是一種肯定。

至於《Go車誌》為何在大陸會如此成功？為何至今仍無法被取代？我認為這主要是肇因於大陸汽車媒體專業度的貧乏。我們都知道大陸這十年來的經濟快速成長，大多數的人十幾年前都還在騎腳踏車，突然間經濟爆發，汽車市場也應運而生，買車、看車的人多了，但

大多數人對汽車的知識不夠，想當然爾，大陸的汽車媒體完全是沒有歷史的。

反觀台灣，汽車媒體已經發展了幾十年，以我來說，你問我三菱汽車的Lancer有幾代？從第1代到第10代車款的沿革，我可以立刻說出來。相對的，大陸沒有經過這段歷史，自然，他們的汽車媒體人也沒有這樣的專業知識。比方說，我看過大陸錄一個汽車的外景節目，10分鐘的內容，關於車輛本身的解說只用了30秒，其他9分半都在講吃、喝、玩、樂、風景，他們為了不要自曝其短，所以就讓車變成配角。然而，就汽車媒體長遠的發展來看，這種取巧的做法是危險的。

我認為大陸現在的汽車媒體太競爭了，網路世代追求快速、速食化，於是，汽車編輯們每天都窮忙於應付新的資訊，根本沒有時間去深耕車輛的專業知識，就長期的發展來看，這著實是進步的一大阻礙。

▶▶▶《Go車誌》的真心話大冒險

大多數汽車媒體的重要收入來源就是「廣告」，這些廣告收入當然主要來自車廠。坦白說，我之前在做雜誌時也是如此，封面、內頁、封底的汽車廣告是重要收入來源，因此，雜誌和廣告買主之間難免會有主從關係。簡單舉例來說：這期的封面，三菱花了35萬買下廣告，那這期的內容，你能不說三菱汽車的好話？你能批評他車子的缺點嗎？這可以說是汽車媒體界的潛規則。

然而，很特別的是，《Go車誌》從創立以來，完全沒有車廠廣告壓力的問題。主要可能是因為我在《一手車訊》時做的是「編務」，而不是「業務」，所以不知道怎麼拉廣告；再者是，我這個人臉皮很薄，實在是拉不下臉去跟車廠要錢、要贊助；第三，《Go車誌》初期在民視交通台播出時，是沒有另外拉廣告的。因此，這項原本看似經營弱點的部分，最後卻成了《Go車誌》最大的特色與強項。正因為我沒有廣告的壓力，所以我們團隊每輛車的試駕經驗都是真實感想。

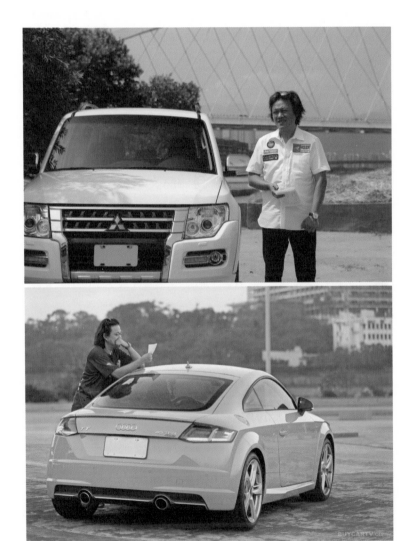

▲ 《Go車誌》錄製車輛介紹的現場。

可以預期的，當今天所有媒體都在講謊話，只有一個人講真話的時候，那個說真話的媒體能不紅嗎？當然，你要當那唯一一個講實話的人，難免會遭到攻擊，就像常有人攻訐我嘴賤、什麼都講。其實不然，是因為在這圈子裡只有我沒有壓力，所以對每一輛新車都是摸著良心照實講評，你很難看到一篇文章或一支影片，會說出一輛車的缺點，但因為我沒有伸手要錢的動作，就沒有被斷金援的壓力。反而，因為《Go 車誌》真實的報導，吸引了廣大網友關注，車商反過來需要獲得《Go 車誌》的曝光與支持。

直到今天，很多車廠、網友都會說，如果你要買車，就一定要去看《Go 車誌》。我其實不太會去評斷車子外型設計的美醜，因為這很主觀；但我可以完全以一個駕駛者、用路人的角度，清楚分析個別車輛在一般道路上行駛的感覺，再加上我過去作為專業車手的經驗，所以總能精準地描述出這部車在行駛中，它的引擎、底盤回饋到駕駛者、乘坐者身上的感覺，我的形容幾乎可以達到99%的準確度。也因此，網友常在我的版上留言

▲ 我於《地球黃金線》節目現場錄影照。我直言不諱的講話風格成了當時的獨有特色。

▲ 我於《地球黃金線》節目現場錄影。

▲《Go車誌》車輛解說的拍攝現場。

感謝說：「嘉偉哥，我看了你的試駕心得去買了車，開了一年，車子的狀況真的都跟你講的一樣！謝謝你。」類似這樣的留言可說是不計其數。而這也是支持我堅持自我風格、繼續做下去的動力來源！

　　《Go車誌》的收入來自於影片在網路平台如YouTube上的點閱數，所以也可以說《Go車誌》的成功是來自於廣大網友的支持。因此，《Go車誌》絕對是和廣大的網友們站在同一陣線的，車廠不對的地方，我也是直接開罵，之前發生的Subaru等幾個重大車廠事件，也讓我有了「台灣車界守護神」的封號。

▶▶ 台灣車界的守護神

Subaru 封殺事件

　　2013年，一個車友俱樂部的會長發了一封email給我，內容大意是：「我們俱樂部的車有一些瑕疵，雖然找過車廠，但車廠不予理會，還要我們自費處理。我們之前也找過某某日報，但被車廠壓下來，不願意報導。

▲ 我秉持著真實的試駕體驗分享，以及堅持與消費者同一陣線的原則，甚至有網友因此給我「台灣車界守護神」的封號。

嘉偉哥，你可以幫我們嗎？」我回信一口答應，和他們約在大直橋下見面了解狀況。

那天，在大直橋下，一口氣來了十多輛Subaru的車，非常壯觀。每一輛車都有相同的問題，方向盤前T字造型的中控台板有明顯的龜裂瑕疵。基本上，就我個人對車子的認知，一輛車就算你開到報廢，丟到海裡，泡水泡個三十年，中控台應該都還是完整的。車子的其他零件都可能會壞，輪胎可能會磨平、引擎可能會罷工，但這塊塑膠板理應是不會出問題的，它或許會變得老舊，但不應該變得像柚子皮一樣，裂成一塊塊，用手一剝就掉，更離譜的是，這些車都還只開了五年左右。

為了這一件事，我特別先去詢問了其他車廠，如Lexus、Infiniti、Benz等車廠。試問他們如果遇到這樣的狀況會怎麼處理，他們都回答我說：「如果是這樣的狀況，就算車輛已經過了保固，他們也願意免費幫車主更換中控台。」之後，我致電Subaru，沒想到Subaru的總代理意美公司的回應是：「中控板的更換，零件十多萬，工錢八千，請車主自費處理。」我當時好意建議他們：

「一共18輛車，要不要車廠就花個幾百萬，幫車主解決問題，讓這件事可以圓滿落幕、皆大歡喜，而且這有助於提升你們品牌的正面形象。」但很遺憾地，他們不願意。我也提醒意美公司，這件事如果被報導出來，對Subaru商譽的影響會非常大。結果，當時處理這件事的經理態度十分強硬，堅持要車主自理，因此，我也不罷手，義無反顧地就把這件事報導出來。我請車主背對鏡頭受訪，車主們苦情地說：「這輛車我才買四年多，剛過保固，結果中控台就裂掉，車廠要我們自理……」果然，這段影片一PO上網，新聞爆出來後，對Subaru的形象殺傷力很大，使得他們的整體銷售量往下滑。

令人遺憾的是，Subaru中控台板環保材質的瑕疵事件，最後仍以苦情車主自費更換落幕。

只不過，事件過後，Subaru形象大傷，當時，意美的經理還跑到我辦公室來，以半威脅的口吻要我把那段影片移除，重新拍攝一個對Subaru形象有正面幫助的影片放上網，以我的個性當然不可能答應這種不合理的要求，結果，這間車廠的業務為了賣車就對外放話中傷

我，汙衊我報導這件事是為了跟Subaru勒索40萬的封口費。

其實事情的過程我不是很在意，比較掛心的是未能幫這些車主處理到完美，然而這件事到此也總算告一個段落。我對這家車廠的評價，自此也跌落谷底。我認為身為一個車廠，自家車輛出現如此重大的瑕疵，你居然不願意服務消費者，這樣的服務品質實在令人無法苟同。而在此事件後，意美汽車也封殺了我。

至今，我依舊認為自己據實報導的做法沒有錯。當然，身為一個媒體人可以有個性，但作為媒體卻不能有個性，所以不管是Subaru也好，所有的汽車品牌都一樣，誰邀請《Go車誌》試車，參加任何活動，我們絕對是會站在消費者擁有知的權利的立場，秉實地將經驗傳達給大眾。

福特、Volvo車款之
PowerShift變速箱漏油事件

　　2014年Volvo部分車款所搭載的PowerShift變速箱陸續出現漏油等瑕疵事件。許多Volvo車主在《Go車誌》留言板上留言，希望我可以代為發聲，釐清變速箱是否有瑕疵問題。

　　不論是Volvo或是福特的PowerShift變速箱，甚是Volkswagan的DSG變速箱，都是所謂的雙離合器變速箱，是所謂的「自手排」（手排的本體，模擬自排）變速箱。這種變速箱有一種特性，就是車子在運轉時，變速箱工作溫度會較高。而這些發生變速箱問題的車主，都是因為到一般民間保養廠換變速箱油，技師把油卸下來後，就直接加新的油進去。比方說這個油箱的容量是4公升，4公升的油卸下來後，照理說應該要加入4公升的油，但是因為油箱內部非常燙，所以可能加到3公升的油時，就因為熱漲冷縮的關係，油就滿出來了。技師一看滿了，就認為夠了不用再加了。車主換好油開走

時，車子也沒有問題，因為變速箱還是燙的、油仍舊是滿的。但是，開回家放一個晚上之後，油箱冷卻，油線就下降了，在這種潤滑油不足的情況下，沒有辦法給齒輪適當的潤滑，所以第二天車主把車子開出去時，變速箱的潤滑是不足的，久而久之，車子就壞了！

這種變速箱若回原廠換油，正確的作業程序應該是：原廠會要求車主把車子留在那邊一個晚上，等到車子完全冷卻後，才加入新的變速箱油。當然，也就不會有之前所提到的那種狀況發生了。

▶▶▶ 網路時代的酸民文化

身為一個汽車媒體人，基於社會大眾有「知」的權利的觀點，我對於每一輛試駕車所回饋給我的感受，最後都一定會如實地傳達給觀眾。《Go車誌》秉持的原則是：對每一輛車、不分廠牌，車子的「優點」會放大講，而「缺點」則照實講。同時，我很樂意為消費者處理一些車輛問題，包含上述Subaru環保材質的瑕疵或是

Volvo變速箱的問題,然而,在這些居中協調車廠與消費者之間的種種事件中,我發現網路的酸民文化其實也扭曲了許多事實。老實說,我發現有不少的車輛瑕疵糾紛,其實是車主在外面保養後造成的,但是又不願意承認自己貪小便宜,於是想推托是原廠既有瑕疵,希望原廠能負責處理。

現在是網路的時代,網路可以造神、造英雄,也可以讓壞事不只傳千里。一輛車有瑕疵,只要一上網,就會被放大到百倍、千倍;不像以前在報紙的年代,百輛車有瑕疵可能都還無法博得版面。網路時代讓市井小民都能有發聲機會是好事,但是網路也很容易遭到有心人士操控,散播誇張不實的言論。

一般說來,在普羅大眾的權力結構觀點中,車廠是強勢、消費者是弱勢。在網路世界裡,酸民非常喜歡操控這樣的意識,刻意塑造出一種消費者是被害者的形象。在我所處理過的事件中,也曾很驚訝地發現,在上千則關於車輛瑕疵的留言中,實際追查後,只有不到十個是真的車主,其他都是留言湊熱鬧的,而造成一種

「這款車的瑕疵問題愈演愈烈」的假象。你知道嗎？躲在電腦後，偽裝成瑕疵車車主的人，在現實世界中可能只是個無聊惡作劇的國中生，也可能是來惡意放話的對手車廠業代。

因此，身為汽車網路媒體的《Go車誌》，經過多次經驗後，現在面對消費者請我處理的車輛瑕疵糾紛時，也更加小心求證、謹慎評估。同時，我也要提醒大家，在看網路車版的相關留言時要更清醒、更理智一些，以免被不實言論給誤導了。

▶▶ 汽車媒體界的「樂透」奇蹟

《Go車誌》在2017年正式踏入第十年，回首來時路，《Go車誌》的發展可以分成三個階段。

第一個階段是草創期（2007～2009），《Go車誌》成立之初，沒有人做汽車影音媒體，所以大家都不看好我，抱著看好戲的心態，觀望《Go車誌》何時會倒閉。那段時間，我的確也非常辛苦，靠著僅有的微薄存款苦

撐，花錢添購攝影器材，影片拍攝、後製等技術都是從零學起，白天一早出門拍攝新車試駕影片，晚上熬夜剪輯、轉檔，每天只睡幾個鐘頭；出門以公車代步，為了省錢只吃陽春麵果腹，日子過得十分清苦。

在這樣的大環境中，能有苦撐下去的毅力，應該是《Go車誌》成功的第一個關鍵。

第二階段，《Go車誌》的影片開始在網路平台（Yahoo，YouTube）上大量曝光，高人氣的點閱數讓《Go車誌》贏得了和網路平台合作的機會，也開始有了影片的版權費收入。再加上大陸汽車市場的興起，大陸網友大量盜《Go車誌》的影片，轉載在大陸的網路平台上（土豆網、優酷網等），為我贏得了與大陸主要入口網站的合作機會。因此，靠著網路大軍的力量，《Go車誌》瞬間爆紅，也讓我迅速地享受到名利雙收的滋味。

我認為Google與YouTube的發展，是《Go車誌》得以成功的另一個重要關鍵。《Go車誌》的影片開始在YouTube上播放後，點閱率一直很高，所以受到

YouTube的重視，在YouTube開始有HD時，他們就一直不斷地跟我們溝通，建議我們將影片升級為HD，而我們也努力克服了技術上的問題去達成，後來還與YouTube成為合作夥伴。現在，全世界任何一個人去點開《Go車誌》在YouTube的影片，會因為YouTube所置入的廣告而使《Go車誌》能獲得一點點的收入。

開始在網路平台經營出一些成果的這個階段，我的確是苦盡甘來。因此，整個台灣汽車媒體界都在盛傳：「朱嘉偉中樂透了！」因為按照一般認知，科技產業才會有暴利，汽車媒體是傳統產業，不可能有暴利，業界很多媒體做了十幾、二十年，都達不到這麼高的獲利。「Go車誌」怎麼可能突然賺那麼多錢？大家摸不著頭緒，掐指一算，結論就是朱嘉偉一定「中樂透」了！

第三階段，也就是現在的穩定期，《Go車誌》雖然還是一個很年輕的媒體，但目前公司的發展已經從之前急遽竄升的蜜月期，進入一個穩定成長的階段，在汽車媒體界成為一個指標性的媒體。透過《Go車誌》的成功，影響更多人想踏足這個新興的汽車影音市場，大家都想著：

《Go車誌》做得到，我也做得到。也因此，現在幾乎每天都有新媒體的誕生。目前台灣的汽車網路媒體大約有40～50家，相較於25年前的汽車媒體數量，不包含報紙，大約只有5家，現在可說是爆炸型的成長。

我可以很驕傲地說，《Go車誌》絕對是台灣汽車媒體產業的一個奇蹟。第一，沒有一個媒體，能在這麼短的時間內爬到龍頭的地位；第二，沒有一個媒體在這麼短的時間內，能擁有這麼大的影響力；第三，也是最現實的，沒有一個媒體在這麼短的時間內，能有這麼高的獲利。而這三點，《Go車誌》都做到了！目前來看，我有把握《Go車誌》在10年、15年後，都還可以穩定維持成長。

▶》 回首來時：創業甘苦談

但是，說到獲利，其實大家也高估了草創時期的《Go車誌》！因為大部分在這行業的朋友，還在燒錢印雜誌，而我不用；當今網路媒體為了擴大聲勢，還沒賺

錢就找一堆員工、租豪華的辦公室，我也沒有！《Go 車誌》直到近期才有個像樣的辦公室，以前我就是《Go 車誌》，而《Go 車誌》就我一個員工；創立《Go 車誌》的四、五年來，我每天睡不到幾小時，沒看過一場電影、沒吃過一餐大魚大肉，大家看到的都是現在《Go 車誌》的成功，沒見過四年前苦哈哈的我。

　　《Go 車誌》成立之初，我每天早上七點起床，搭公車去車廠牽車，然後買一罐水、一個麵包，風雨無阻地開始一天的拍攝、收音；傍晚還車後，就買泡麵，或在租屋處巷口的麵攤買一碗陽春麵，身上有一點錢就切一碟小菜，然後回到家裡開始漫長的影片剪接、轉檔、上傳。這樣的日子過了將近四年，這段期間，我在工作上奉獻了自己所有的時間，甚至是健康，以致於大家在螢幕前看到我，都會說我愈來愈胖、是不是該減肥了？

　　其實，《Go 車誌》成立初期（五年內），我不僅沒有辦公室也沒有員工，甚至連公司都沒申請，因為我沒有收入，不需要發票，更好笑的是：我是汽車網站，但居然沒有網站！那段時間我就像個全身發臭長滿蛆的

「生物」，誰看到我都當作沒看見，想試車，要拜託車廠讓我試；記者會，我不會收到通知；更別說我現在常常受邀的海外試駕活動，在當時根本連想都別想。

我沒開過公司，十多年都在《一手車訊》當員工，所以不知道成立公司需要什麼，反觀現在幾乎每天一家的汽車媒體陸續成立，看到他們租辦公室、找員工，甚至花大錢買器材，這與當初沒有任何資金，所有一切都要自己來的狀況相比，根本是兩個世界！

但也因為這樣，現在的我很會操作攝影機，剪接也難不倒我，甚至後製特效我也慢慢摸索學會，任何事情完全從零開始。也因此，我很了解員工在做什麼、會做什麼，以及未來可以做什麼，因為現在他們的工作內容，就是我創業那五、六年一手通包的工作。

告別創立初期的克難經營，現在的《Go車誌》比較像一家公司了，我們有租來的辦公室，有一起打拚的員工，也有很好的環境、設備與福利；我是從最基層做起的，所以很了解現在的年輕人要什麼，當然更知道今非昔比！

　　《勞基法》未修法前、勞工福利不被高舉的時代，哪來的週休二日？哪來的準時下班？事情沒做完就是拖稿！那個時代薪水微薄，但大家都愛車，每個編輯在辦公桌旁的標準配備，就是睡袋跟牙刷，加班到半夜就在睡袋裡小憩一下，起來繼續寫稿，身上累積幾天的酸味，直到受不了再回家洗澡！從前一個員工可以當三個用，現在是三個員工抵不過以前的一個。就好像小時候老師體罰是很正常的事情，現在被老師打一下手心，可能明天就見報上新聞了。

　　時代在變，環境也在變，當今已經難以再找到過去熱血拚命的工作氛圍。

　　我現在擁有了《Go車誌》，以及廣大支持我的網友，但同時失去了健康。那些啃麵包的日子，讓我至今還是習慣一天只吃一頓晚餐，當醫生跟我說要多注意身體時，才發現這幾年，我一直在消耗身體的能量。體型變了、皺紋多了，我用自己的健康跟時間，換來了《Go車誌》現在的規模與成就。我很慶幸活在當今有網路的時代，如果我老個十年或者更久，或許就遇不上網路時

代，我的影片也不會一直在網路上流傳；如果現在還是翻雜誌的年代，我的文章早就變成資源回收了。我希望有一天，在50年、100年之後，某一個人打開電腦上網然後看到我所拍攝的影片，仍會被我的影片所吸引（也許那時已經沒有汽車這種交通工具了）。

我曾經說過，希望在百年後，有人看到我的影片，會很訝異地說：「哇！沒想到在那個年代，居然有人拍汽車影片、居然有人可以這樣介紹交通工具！」希望那個時候，我依舊存在於網路世界。

▶▶ 我看台灣汽車媒體的蛻變

我進入汽車媒體至今25年，可說是完整地見證了台灣汽車媒體從平面雜誌到網路影音的發展過程。

25年前，我甫踏入汽車媒體界，當時沒有網路，市面上的汽車雜誌就四、五本，非常單純，那是個Google大師都還沒有誕生的時代。

　　現今，台灣汽車媒體的轉變非常大，汽車媒體進入網路的時代後，幾乎每天都有新的網路汽車媒體誕生，同樣的，每天也都有舊的老媒體逝去。現今的網路媒體十分競爭，弱肉強食的環境下，強勢媒體瓜分了大部分的市場預算，小媒體就只能分些肉渣剩食。而對於網路使用者、汽車資訊愛好者來說，要取得資訊也變得非常容易，不再需要花個200元買雜誌，只要上網，隨時可取得最新的汽車資訊。

　　今日的資訊速食化，最大的轉變也反映在汽車媒體工作者的專業素養上。過往車訊雜誌時代的編輯，對汽車充滿熱愛，所以幾乎是投注全部時間及精力在工作上。趕稿時，準備睡袋夜宿在編輯室是常有的事。那個年代的編輯，對車子的知識是硬底子的，打開引擎蓋，一看就知道引擎結構與內容；車子頂起來、滑進車底，就能說出是什麼懸吊。而且，我們那個年代做汽車編輯的人，對車子有著深刻的感情，車子對我們來說就像是家人、是一個有生命的個體，對每一輛車都是親自去開、細心地用身體的各個感官去感受它。也因此，這雙

摸車的手所寫出的文章也是有溫度的。不同於現在的汽車媒體工作者，需要寫新車介紹時，可能就先直接上網找資料，或找兩、三本其他汽車雜誌的報導，東拼西湊就能生出一篇文章。

　　媒體的轉變對編輯的工作環境也造成相當大的改變。以前我們寫稿沒有電腦，都是在稿紙寫好，全公司只有一台電腦，有一位打字小姐，這位打字小姐在我們公司的地位非常崇高，因為編輯們稿子寫完都要排隊拜託她幫忙打字。稿件文字打完，再給美編列印出來，文章、照片都是另外剪貼上去，經過排版、噴膠後，再送去印刷廠製版；現在則一切全都數位化，從前這些繁瑣的程序，現在在電腦中都可以輕鬆完成。

　　數位化時代的來臨，除了汽車媒體的環境轉變，其實也反映在用路人的習慣上，以前開車是機械感十足的，不會開手排就不用想上路，手排車離合器重、方向盤又硬；反觀現在的自排車，實在太容易上手了，反而讓人一上路就想睡覺。

　　從汽車媒體產業的經營角度來說，我從《一手車訊》雜誌到《Go 車誌》，深刻體會網路媒體的優勢在於成本的大幅度降低。任何一個媒體的規模絕對都比《Go 車誌》大，《Go 車誌》不到十個員工，但卻可創造出很高的影響力。我認為成功的原因有二：第一是成本的降低，相較一般出版社製作雜誌，紙、印刷都要費用，《Go 車誌》的車評影片利用的是網路的免費空間，所以成本相對較低；第二是我進入網路媒體的時機點剛剛好，我是台灣第一個做汽車影音媒體的，《Go 車誌》剛開始放在無名小站，後來無名倒了，我和奇摩汽車合作，之後 YouTube 也順勢推了我一把。

　　天時、地利、人和，加上我自己不認輸的毅力，才造就了今日的《Go 車誌》。

　　完整見證了汽車媒體從傳統雜誌走向網路影音的我，完全能感受到媒材與經營方向的轉變，而這究竟對汽車媒體人有何具體的衝擊呢？我認為最大的改變是：網路的即時性。

以往在雜誌社寫文章，即使在雜誌頁面印上了：「責任編輯朱嘉偉」，但仍是沒沒無聞的小編一名；現在，影片一傳上網，下一秒就有排山倒海的正、負評價向你湧來。我認識幾個很懂車子的汽車編輯，就是因為無法適應這樣的網路文化而退出了這一行。

　　《Go車誌》直言不諱的車評風格，當然有人喜歡，也有人批評。而我，這九年多已練就了金剛不壞之身，加上我也體悟到，酸民文化就是：見你對批評沒有反應，久了也會放棄。所以，造就了《Go車誌》現在無論在YouTube還是Facebook，都成為車友與消費者們一個良性的討論平台，我發現：酸民少了，真正的汽車消費者就會多。

　　有人也常問我：「你認為台灣未來汽車媒體的發展趨勢會如何？」我的回答是：「我認為，未來一定會有取代網路媒體的新興媒體，但要多久以後，我不知道。」我認為隨著科技發展的無極限，或許未來消費者根本不需要透過媒體，可能只需要在家按幾個鈕，車廠就可以把一輛虛擬的車直接送到家，你在家裡就可以輕

鬆試乘！當然，也或許是另一種形式，現在的我們還想像不到，但我可以肯定的是，未來，將網路取而代之的新興媒體一定會再出現。屆時，就看誰能掌握到媒體轉變的致勝先機了。

▶▶ 朱嘉偉的接班人？

《Go車誌》自2007年成立以來，即將邁入十週年了。這十年來，《Go車誌》的主要試駕車評幾乎都是我一人獨攬，當初為了分擔過多的試駕工作邀約，也曾經加入一、兩位主持人，但是合作效果都不如預期，最後又回到了我一人主持的狀態。也因此，《Go車誌》一直以來都是「朱嘉偉」個人色彩很鮮明的媒體，而事實上，網友也一直都比較習慣《Go車誌》的車評就是「嘉偉哥」，因此，《Go車誌》與「朱嘉偉」就這樣畫上了難以分割的等號。

其實，《Go車誌》在開頭幾年，也嘗試過要找其他車評進來，然而，最後都因不適任而離開，這當中

有的是家庭因素；有的是個人特質並不適合。而我發現要培養一個主持人（車評）實在也不容易，怎麼說呢？年輕人雖有衝勁，但太年輕的主持人來講車，網友不免會覺得欠缺說服力；而稍微有年紀的，多半已成家，家中有妻小，時常需要出國試駕的工作型態就成了一種挑戰。之前合作過的夥伴也是因為家庭因素而退出。或是，有幾個已在汽車媒體的人才，當初我也曾覺得合適而洽談合作，最後都是因為家庭因素的考量而無法合作。

或許，有很多人剛開始接觸汽車媒體時，會認為能經常應邀出國試駕似乎是一種福利，比如我最近才去葡萄牙，之前也去過北極、南非等，護照上快速蒐集到的入境章、不停累積的飛行里程數，也成了可以拿來炫耀的戰利品。

然而，當你入行一、兩年後，常出國反而成為這職業的一種抗性，一個月需要出國兩、三次，世界各地飛來飛去的工作，對大多數人來說就開始成為一種生理或心理上的負擔了。我覺得長程飛行對身體的傷害是有

的，包括：高空輻射或是機艙的壓力等，雖然我個人的身體素質算不錯，很少生病，算是適應得了這樣的工作型態，但這幾年下來，卻也真實感受到身體的狀況變多了。有幾個資深的同行朋友，似乎也衰老得比較快。

總之，我對於目前《Go車誌》的發展狀況滿意，加上之前不是很成功的合作經驗，因此，《Go車誌》在未來三、五年內，應該不會再徵主持人，一切隨緣。而我心中最壞的打算是，就做到我不能再講車，倒下的那天為止，那應該也是《Go車誌》結束營業、關門大吉的時候。

從 VW 油耗造假事件
看台灣汽車消費者的無奈

　　約莫七、八年前，韓國的雙龍汽車也曾經發生油耗造假事件，我住在美國的朋友，正好是這批油耗造假汽車的車主，大家知道嗎？他到現在還是每年都收到韓國雙龍汽車的支票，支票的金額是補貼因造假事件而比消費者預估所多出來的油資，裡面還附上一封道歉信。

　　而這次 Volkswagen 的油耗造假事件，在美國已由美國聯邦法院裁定，重罰 150 億美元，這筆罰金可能造成 Volkswagen 的總資產減少百分之十，此外，還必須召回將近 50 萬輛的柴油引擎油耗造假車款，執行環保計畫及對車主賠償。歐洲當局也要求 VW 要提供等同美國規格的賠償。反觀台灣，截至目前為止，政府並沒有為 VW 車主向 VW 集團爭取任何賠償，而 VW 也都沒有針對此事件對台灣的消費者有任何承諾、保障或補償。

　　我不解的是，我們不是有消保官、消基會嗎？在台灣居然也沒有任何一個消費者保護機構出來為VW的消費者爭取權益！頂新賣餿水油要重罰、要關廠，因為吃了會危害人體健康，雖然油耗造假不會直接危害人體，但我認為車商造假一樣是欺騙消費者啊！難道不需要處罰，不需要向消費者道歉賠償嗎？

　　關於「油耗測試」，在國外進行油耗測試，它是在實驗室模擬路況溫度、溼度、風速（因為車子行走時會有風阻），它前面會有一台很大的電風扇，向著車頭吹，模擬車子在行駛時的風阻，然後讓車輪在平台上滾，觀察車子時速在60、80公里時的實際油耗是多少。然而，在台灣，我們的汽車進口認證單位「ARTC」經濟部能源局是不做油耗測試的，只會直接看原廠給的油耗測試數據，所以就算原廠給的數據不實，政府也無法為台灣汽車消費者把關。

　　關於油耗相關議題，也讓我想到了現今全世界唯一還在徵收「燃料稅」的國家──台灣，現在全球大多數國家的燃料稅都已是「隨油徵收」，為何台灣還食古

不化停留在向人民徵收「燃料稅」的階段呢？比方說，我買一輛80萬的Toyota房車，你也買一輛80萬的Toyota房車，我們一年一樣繳14,500元的燃料稅，看似很公平，其實不然。為什麼呢？因為我的Toyota一年跑1萬公里，而你的Toyota一年跑10萬公里，想想看，我只加了1萬公里的汽油，而你加了10萬公里的汽油，但我們卻繳一樣多的燃料稅，這樣公平嗎？現在連中國大陸燃料稅都是隨油徵收，基於使用者付費的道理，用得多就繳比較多，其實才是較為合理的做法，而我們還停留在30年前的方式——「牌照燃料稅」，真的是落伍了，也是對汽車消費者不公平的稅法。

老實說，台灣的汽車用路者真的很可憐，在我看來，台灣對汽車使用者有太多不合理的條件了。

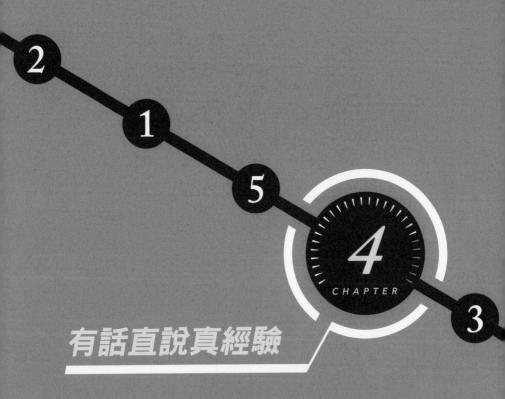

2

1

5

4
CHAPTER

3

有話直說真經驗

▶ 從事汽車媒體業讓我有機會踏足世界各地，看遍許多壯麗風
景，有許多別人沒有的不可思議經驗。然而，汽車媒體業不僅
是外表呈現的那樣一味只有光鮮亮麗，還有長年努力積累的經
驗實力，而這部分都是大家所不知道，卻是最重要的事。

AMG Driving Academy
——AMG雪地駕訓活動

　　過去，我完全沒有雪地駕駛的經驗，更沒有過飛機一落地就看到航站上的溫度計顯示零下27度的體驗！

　　一次偶然的機會，我受邀參加AMG舉辦於瑞典的AMG Driving Academy，它是每年各大歐洲車廠會固定舉辦的活動，目的很簡單，就是展現自家產品在雪地上的操控性。AMG雪地駕訓活動的參加費用並不便宜（聽說約4,000歐元不含機票），而且你必須長途跋涉來到接近北極圈的瑞典中北部，忍受著每天至少零下20度的低溫，然後假裝自己很熱血地在雪地上飄移！印象中，那四天的受訓過程，讓我對於雪地駕駛有

著很深刻的了解，在雪地征服每一個彎道，這時候的油門比方向盤重要。絕對要忘記我常說的過彎外內外的觀念，車身在進彎前的鐘擺動作是關鍵，車頭黏著彎頂點畫圓則考驗著你心臟夠不夠大顆，以及油門深淺的掌握。

　　若我有機會一定要再去試試，也建議預算足夠的朋友，不妨留意每年冬季各大車廠的歐洲雪訓活動，參加一次，功力絕對大增十年，而且「雪地開得好，柏油路沒煩惱」。

▶▶▶ 海外試駕──車媒的華麗與哀愁

從事汽車媒體這一行，最令人羨慕的就是參加「試駕」活動。對於許多車迷來說，光是想到可以在第一時間搶先駕駛未上市的新車，就覺得這真是福利超好的夢幻工作。

「試駕」是一般車廠在新車上市前都會舉辦的活動，車廠會邀請各大汽車媒體前來試駕新車，讓媒體發新聞稿介紹並評價新車的各方面性能表現。大多數車廠會將汽車媒體分為四個等級：A、B、C、D，而車廠舉辦試駕活動時，會先將試車機會提供給A、B兩級的媒體。台灣的狀況是，車商每次都有五個名額，分配給報紙、雜誌、網路、影音、電視台五類媒體。報紙與雜誌等平面媒體分別由《蘋果日報》、《自由時報》、《一手車訊》及《超越車訊》，甚至許多較具規模的網路媒體等輪流。

而《Go車誌》因為含括影音、網路與新聞台等平台，所以較受車廠看重，因此總有機會排上海外試駕的機

▲ 能在第一時間試駕未上市的新車，算是汽車媒體的工作福利。圖中我正解說法拉利最新車款。

會，再加上一般媒體一次都要出攝影與記者兩個人，但我自己一個人就包辦攝影和車評，對車廠而言也減了不少預算。因此，目前《Go車誌》的試駕邀約多到需要婉拒。

回想自入行以來的試駕生涯，真是十分漫長的成長之路。還記得我剛到《一手車訊》擔任小編輯時，菜到連車都摸不到，每天只能在辦公室打雜、爬格子；好不容易熬出頭，總算有機會參加一些資深編輯沒興趣的小車試駕活動，那時的我，不管可以試駕到什麼車都會很開心；當時的我作夢也沒想到，現在的我不僅受邀到世界各地，試駕賓士、奧迪等台灣尚未上市的最新夢幻車款，甚至邀約多到想推也推不完，這是過去還是菜鳥編輯的我，完全無法想像的事。當然，這一路走來，真是一段漫長且艱辛不易的奮鬥歷程啊！

然而，對於從事車媒二十幾年的我來說，表面光鮮、人人稱羨的海外試駕活動，因為一個月兩、三次的長程飛行，多年下來，也造成了我健康上的傷害。

海外試駕的邀約愈來愈多之後，我也發現一個問題，就是每次耗費一星期出國都只能拍回一支影片，這

▲ 2014年，我參加AUDI紐西蘭雪訓。

比起留在國內時可產出的影片少很多。因此，考量到效益問題，現在的我會評估更多因素來慎選每一次海外試駕的機會，比方說：試駕車款較特殊，或是試駕地點的景色罕見壯麗，可以讓影片呈現出動人畫面，才會是我優先選擇的試駕活動。

　　有些人會好奇，為何車廠要大費周章將車輛試駕的活動辦在世界各地？因為，一般人生活在城市中，看慣車子在水泥森林中的景象，自然，影片再怎麼拍也是

了無新意的畫面。於是，車廠將試駕活動拉到一些特殊的景點，讓汽車媒體們可以拍攝到車子與雪地、冰凍湖面、阿爾卑斯山的美麗合影，這樣製作出來的影片效果當然十分壯觀且吸睛！也因為雪地、冰湖等都是台灣見不到的景色，因此，《Go車誌》每次有這類地點的海外試駕，影片點閱率都特別高，特別能受到網友的青睞。

另外，海外試車對我來說還有一個好處，就是能夠獲得最完整的新車資訊。因為，海外原廠的工程師對新車改款的說明都十分詳盡，比起在台灣試駕時可得到更多、更深入的資訊。所以海外試駕撰寫出來的報導通常較為深入，也更加有可看性。這是車廠所期盼的，也是為何車廠要耗資舉辦海外試駕的原因之一。

「海外試駕」的行程，大多極具魅力。只是，對於來自世界各地參與海外試駕的媒體來說，長途的飛行後又要進行車輛試駕，對於體力和精神來說，都是一大挑戰。因此，現今歐盟為了安全起見，規定凡跨洲進行試駕者，24小時之內不可駕車。這對我們這些汽車媒體試駕者是一種保障，確保在疲憊的長途飛行之後，能夠有充足的休息時間。

▓▶ 海外試駕的奇幻旅程

很多車迷對海外試駕的行程感到好奇與嚮往，身邊的親友也常問我海外試駕都去了哪裡？做些什麼？累不累？好不好玩？

這幾年下來，因為試駕工作的關係時常出國，坐的是頭等艙、住最頂級的酒店，到北極大陸、維也納雪地、日本阿蘇火山等地，還曾乘坐西班牙船王的船，接觸各種夢幻名車等，真的是十分多采多姿。然而，若非得要我舉出三次印象最深刻的試駕經驗，那應該是南非約翰尼斯堡、德國、AMG極地試駕。好巧不巧，這三次的海外試駕，都是賓士（Benz）車廠所舉辦的。

與忘年之交在好望角巧遇的企鵝海灘

第一次是2006年在南非的約翰尼斯堡試駕M.Benz SLR。這次的試駕活動非常自由，我們幾個媒體自己從桃園搭機到約翰尼斯堡，然後賓士原廠的人在機場接待

我們，直接給了汽車鑰匙後，就讓我們自由地在南非試駕 M.Benz SLR 三天。

這次試駕有兩個令我印象深刻的記憶。一個是我和另一位汽車媒體界的老長官，他當時是《車主雜誌》的總編輯，也是一位「車癡」，對我來說算是老爺爺級的朋友，我們都叫他「敖爺」。「敖爺」是一名對車子充滿熱情的老頑童，他蒐集了滿屋子的汽車模型，夢想是開立一家汽車模型博物館。南非試駕之旅幾年後，他罹癌過世了，因此這次試駕的七天相處，成為後來我懷念他的一段美好回憶。

第二個印象深刻的是，這次試駕最特殊的地方在於它整個顛覆我們一般對汽車路駕的既定印象。因為南非的道路方向和日本一樣，是靠右；然而，主辦單位給我們一台「左駕」車。請想像一下當你把一部台灣的車開上日本的馬路會是什麼樣的感覺？也因此，在這次試駕中就發生了一件驚險的事。

還記得是在南非的一段山路，敖爺突然燃起駕車的渴望，對我說：「嘉偉啊，我想開一下，讓我開一小

段就好。」結果，敖爺不熟悉跑車性能，加上路駕方向
所造成的錯亂。他上路不久就將車開到對向道路，說時
遲那時快，迎面正好來了一輛大卡車，卡車司機朝著敖
爺這輛逆向的超跑狂按喇叭，嚇得敖爺急剎停在馬路中
間，當下也顧不了這輛將近兩千萬的超跑，棄車而逃。

可憐的敖爺，嚇得臉色慘白，之後在南非幾天的行
程，就絕口不再提開車了。

接下來的三天行程，因為只有我們兩個人，每天的
行程都很隨興。我一面照料敖爺的生活起居，叮囑他吃
慢性病的藥物；另一方面，好不容易來到南非，當然每
天都要找些不同的景點一起去溜達溜達。有一天早上，
起床後突然想去好望角，但車程要六小時，原本怕敖爺
太累，但沒想到玩心很重的敖爺居然也興沖沖地一口答
應，於是我們兩人就這樣出發了。

開了六小時的車，終於抵達位於非洲西南頂端的好
望角，這裡是大西洋與印度洋的交界，我們把車停靠在
路旁，站在高處舉目遠眺，海天一色的景觀，真是非常
壯麗！在心曠神怡的美景吸引下，突然興起到海灘散步

的想法，然而，當我低頭俯瞰著海灘時，卻失望了，因為在如此宏偉的美景之下，沙灘看起來卻黑黑一片，有些格格不入，加上空氣中飄來一股令人不舒服的臭味，我不假思索地跟敖爺說：「這海灘好像很髒，我們不要下去好了。」才說完，就發現海灘上有些東西在動，我心想：「咦？石頭怎麼會動啊？」揉揉眼定睛一看，才發現，哇塞，海灘上居然是滿滿的企鵝！走下去一看，大約有10萬隻企鵝寶寶，身上都是黑灰色蓬鬆的毛，擠在沙灘上萬頭鑽動著，一看到我們接近，都擠過來似乎想跟我們要食物一樣。我一伸手就可以把他們抱起來，企鵝寶寶又呆又萌完全不會反抗，乖乖地讓我抱著，還全無防備地在我身上睡著了，雖然有點臭，但實在是非常、非常地可愛。這是我人生中和企鵝最近距離的一次接觸，也是這趟旅程中一個意想不到的驚喜。

這幾天的南非之旅，除了SLR、好望角、企鵝寶寶之外，最難忘的回憶是「人」。此次同行的旅伴敖爺，幾年後患了癌症。病重時，我們幾個朋友去看他，他要我們一人去挑一台他收藏的汽車模型留念，走進放滿汽

車模型的房間，環顧四周盡是堆疊整齊的車子模型，可以想見敖爺投注無盡熱情在汽車上的一生，種種不捨與鼻酸同時湧上心頭。如此一位愛車的同好，也是我敬重的老長官，何其有幸能和他在非洲好望角共度這樣一趟奇異之旅！與他一同駕車奔馳在南非好望角海岸線的畫面，至今仍歷歷在目，同時，也成了我人生中一次最珍貴的試駕之旅。

極致奢華　王者風範
——賓士梅巴赫（Mercedes-Maybach）

第二次難忘的試駕經驗，則是2004年賓士梅巴赫（Maybach）所舉辦的，而這次的試駕活動也是我所有試駕經驗中最豪華的一次。

賓士的梅巴赫象徵賓士裡的高階車款，也是針對金字塔頂端的後座買家所推出的超豪華賓士。也因此，這次的試駕活動，受邀的媒體工作者們全程都受到王者級規模的款待。

首先，我們搭乘賓士的私人飛機，直接降落在德國的法蘭克福機場，並且享有不用過海關的禮遇，直接從機場就坐上賓士的車。12家媒體，12輛車，每一輛車都配有專屬的司機和一名金髮碧眼的美女助理。上了車之後，有一輛工程車當前導車，就這樣領著我們瀟灑地直接駛出機場。

從法蘭克福到漢堡，也是搭賓士公司的私人飛機。到了漢堡，我們搭上一艘郵輪，這艘郵輪是西班牙船王的最愛，他一年只出借七天，賓士就將這七天包下來，款待來自世界各國的試駕媒體。這艘號稱全世界最豪華的郵輪，全船分三層樓，共有十幾間房間，每一處細節都看得出是精工打造，真的是奢華豪麗的海上皇宮。那晚，我們夜宿郵輪，第二天一早就被大會叫醒，安排在海上一邊觀賞日出，一邊享用早餐。

我們就這樣搭著船抵達法蘭克福。之後入住的飯店也非常特別，飯店所在的大樓，40樓以下是辦公大樓，40～80樓是飯店，每一層都只有一間房間，而且全都是總統套房，我還記得，住宿一個晚上大約要20萬元台

幣。有趣的是，每間房間的裝潢風格不同，有的是中國風，有的是希臘風，所以我們同行的 12 家媒體，就輪流參觀彼此的房間，光是一一參觀彼此房間這件事，就花了整整三、四個鐘頭。

這次行程中還有一項特別的驚喜，就是賓士公司以個人專屬的訂製襯衫作為贈禮。車廠帶著我們到一家非常特別的西服訂製店，那是間由英國的裁縫師父所經營的小店，位於一條非常狹窄的巷弄裡。走進店裡，各式各樣的材料亂中有序、密密麻麻地陳列著，當下我腦中不禁浮現了哈利波特在斜角巷購買魔杖的場景。整個量身訂製的過程，師傅從布料到鈕扣都一一和客人討論，最後再繡上個人的名字，由於縫製需要耗費一段時間，因此我是回台灣一個多月後才收到這份賓士公司從德國寄來的厚禮。

這件高級訂製服實際費用我並不清楚，只是，在賓士公司已幫我付完衣服的費用和運費後，我自己仍須繳付高達 4000 元台幣的稅金，這是我萬萬意想不到的。非常驚人，當時經濟上不怎麼寬裕的我，甚至有那麼一點

不想接受這件價值不菲的訂製襯衫。也因此,這件天價的襯衫至今我依然妥善收藏著。

AMG 瑞典極地試駕體驗營

第三次印象深刻的海外試駕,依然是賓士,這次是2010年的「賓士AMG瑞典極地試駕體驗營」。

我們的旅程,先是搭機到德國慕尼黑,再從慕尼黑轉機到瑞典,飛了三十幾個小時。這個試駕營的位置大約距離北極圈100公里,還記得降落的時候,眼前是一片雪白大地,航站上的溫度計顯示「零下27度」。來自亞熱帶的我,實在是很難想像那樣的酷寒,當下心中默默打起退堂鼓,為了緩和一下心情,我和友人開玩笑說:「後悔還來得及,我們原機返航算了!」這當然只是玩笑話,極地駕駛的吸引力,終究還是讓人戰勝了肉體上的軟弱。最後,在這片白茫茫的極地上,我安然地度過了四天開著賓士在冰上滑行的日子。

▲ 2010年，我參加賓士AMG瑞典極地試駕體驗營。

　　雪地駕車對台灣來說當然是很陌生的，但這卻是德國賓士車廠每年冬季固定舉辦的例行活動。瑞典有一千多個湖泊，賓士車廠每年冬季固定會去認養幾個冰湖，然後請來推土機推出一條賽道，舉辦雪地試駕的活動。賓士公司甚至在當地蓋了一家飯店，每年只有冬季營業，就是專門提供給參加雪地試駕的車手住宿。這樣的活動，AMG每年都會舉辦，除了汽車媒體，也提供給賓士車主來參加。為期四天的集訓裡，將由專業的教

練來指導大家正確且安全的雪地駕駛技巧。賓士車主自費參加的部分，包含住宿、駕駛訓練、保險等，四天三夜，但不含機票，一人約是 4,000 歐元。

集訓的四天，每天都下著大雪，我們就一直待在這人煙稀少的極地，整天與車為伍，一直在冰上滑過來、滑過去。

▲ 2010 年，我參加賓士 AMG 瑞典極地試駕體驗營。

　　很多車迷朋友對雪地駕駛感到好奇與嚮往，畢竟這在台灣幾乎是不可能擁有的體驗。關於雪地駕駛的訣竅，實在不是三言兩語能說得清楚的，只能說雪地駕駛是所有路況中最困難的。在雪地上開車，方向盤基本上已經失去控制方向的作用，駕駛者必須運用油門與煞車妥善搭配，來控制汽車的方向。這樣駕馭車輛的方式跟我們在柏油路、砂石路上都相當不同，真的要實際去操控才能體會。也因此，只要你在雪地上能把車駕馭得好，大概就沒有什麼路況能難得倒你了。

　　「Mercedes-Benz AMG Winter Sporting」這個雪地駕訓體驗營成立目的不是讓你在雪地上飆速競賽，它的立意是在教導所有的駕駛者，如何正確且更安全地在雪地上駕駛。雖然4,000歐元的參加費用不便宜，但仔細分析，歐洲當地的住宿費用本來就昂貴，尤其是北歐地區。此外，還提供你四天三夜盡情地在雪地上駕馭AMG車系，不但不小心撞壞了也不用賠，還有專業的教練教你駕駛技巧，我認為這收費也不算貴了，畢竟這樣的雪地試駕經驗，可是在其他地方有錢也買不到的體驗啊！

你可能會問我：為什麼印象最深刻的試駕都來自於賓士？其實，真的沒有特別的原因，當然也不是廠牌印象的關係。就只是剛好這三次的旅程都給了我十分難忘的印象，而這份難忘主要來自旅程中的人、事、物都是人生中從未有過的體驗，倒不是因為試駕車輛有多麼令人驚豔。

或許車迷朋友會疑惑，開賓士超跑SLR、體驗Maybach頂級車款不才是重點嗎？當然，每次試駕到夢幻車款時，愛車的我當然也會很興奮，但或許是這樣的體驗太多了，所以每次試駕新車款的新鮮感大概都只維持幾個月就逐漸淡忘了。像我在蘇黎世試駕奧迪Audi Q2的當下，心情也是無比興奮，但這樣搶先體驗的快感大概只維持了幾個月，待Q2在台灣上市，路上也隨處可見時，當初的新鮮感也就消失了。因此，在南非抱企鵝寶寶、在北極冰上開車、搭乘西班牙船王的船等，這些在台灣不可能體驗到的事，就成了深植在我心中最珍貴的人生經驗了。

我很常去到西班牙參加新車試駕活動，因為當地經常都是陽光普照的好天氣，再加上治安不錯、物價較低，

所以歐洲的車廠很喜歡選在西班牙舉辦新車試駕的活動。一般來說，媒體受邀參加試駕活動可說都是吃好住好，飯店和美食的體驗多了，也就不稀奇了，因此，就我個人而言，唯有獨特的行程才會念念不忘。

若要說我試駕生涯中有什麼遺憾？那應該是日本本田車廠在兩岸交流尚未開放前所舉辦的「六代Civic絲路試駕」吧！那次的試駕行程規劃，路線一路由蘭州到敦煌，全程約1,500公里。本田車廠特地把車子從台灣拉到大陸，還帶著一批台灣的媒體記者過去試車。在當時兩岸尚未開通的年代，能舉辦這場試車活動是很不得了的。那時的我，還在《一手車訊》，也非常期待這場試車，無奈後來因為感冒身體不適而無法成行。因此，這一趟「絲路試駕」也成了我生涯中的一個遺珠之憾。

▶▶ 不賺千金，賺人生經驗

關於「海外試駕」的體驗和故事，真要說起來，或許三天三夜也說不完。因此，我常說我們汽車媒體人賺

也就是賺這個了。老實說，汽車媒體編輯普遍的薪水真的不高，但是卻有機會經常搭商務艙飛歐洲且全程入住五星級酒店；反觀大部分的上班族，一個月收入三、四萬，收入好一點的科技業可能五、六萬，卻要每天超時工作，累得跟狗一樣，想放長假出國休息都是非常不容易的事。因此，我常說我們這一行賺不了大錢，賺的是人生的體驗。話說我公司一個剛退伍的年輕編輯，在進公司前從未出國，到公司後不久就飛西班牙，且一去就是七天。據說，當我跟他說：「這次西班牙我不去，讓你去吧。」那一晚，他開心得睡不著覺。

或許就是因為這些多采多姿的試駕工作讓車迷們心生嚮往，大家也經常詢問我：要怎樣才能入這行？但我永遠都是那句老話：「為了生活，不要來！」我們公司薪水算給得高，但頂多35,000到40,000，這樣的月薪當然比不上科技業。所以，我認為如果你不是真的對車子有高度的熱情，或是家裡的經濟狀況還不錯，真的不要輕易進入這一行，畢竟這樣的薪資，在這個年代想要養家活口、照顧家庭，實在不容易啊。

▶▶ 沒有不能用的人，
只有不會用人的主管

　　有很多人問我：「嘉偉哥，想進《Go車誌》工作，需要汽車相關的知識和背景嗎？」我都會直接回答：「完全不用。」根據我多年的用人經驗，發現工作表現和專業知識沒有直接關係，重點是你「肯做事」，說真的，這行業並不難。

　　汽車媒體沒有什麼門檻，個人從業這二十幾年來，包含在《一手車訊》當總編輯期間，面試、錄取用過上千個人。經驗告訴我，如果一開始開的條件高，最後都找不到理想的人才；相反的，把徵人條件降到最低，反而能找到「寶」。所以我得到一個結論：「沒有不能用的人，只有不會用人的主管。」

　　公司剛開始徵人時，條件也會要求「大學畢」、「新聞相關科系」等，結果進來後的表現都不如預期，所以《Go車誌》現在的徵人條件相當簡單：1.肯學；2.有汽車駕照。依照我長年的觀察，學、經歷都不是重點，重要

的是工作態度和個性。目前我們《Go車誌》的員工,沒有一個是汽修機械相關背景,也沒有一個原先就會攝影剪輯,幾乎都是進來後才開始學,但肯學,就會有收穫。

　　我自認是一個懂得用人、也體貼員工需要的主管,因為自己在這個產業是從最基層的助理編輯一路上來,所以我非常理解各個階層員工的心聲與需求。我常跟員工說:「在我面前,你不需要演戲,因為只要看著你的眼神,你在做什麼,我們彼此心知肚明。」愛做表面工夫的員工也是不受歡迎的,比方說:一看到我進辦公室,就開始戰戰兢兢,在電腦前裝忙;或是,只要我在公司,下班時間到了也不敢走,非要看到我離開辦公室之後,隔個3分鐘就立刻閃人。這一些舉動真的非常沒必要,工作很大一部分是屬於員工個人的,自律就好。

　　公司規定雖然要打卡,但遲到、請假都不扣薪,全勤還有全勤獎金;因為在我的觀念裡,工作時間可以彈性,員工也不要以超時工作彰顯自己的認真態度,我看重的是,能不能完成交辦工作並交出理想成績,效率跟成果才是我想看到的。

工作上我是個賞罰分明的人，只要員工拿得出績效，自然值得給予獎勵；反之亦然。就從《Go車誌》的給薪標準來說，年資並非唯一指標，公司更看重的是員工工作上的表現與積極程度。如果員工工作表現優異，一定會反映在薪資上；但是當員工專業能力及表現達不到要求或者工作態度懈怠時，那麼「工作年資」其實也不具任何意義。前面也說過，因為自己當初就是從小編輯一路苦熬過來的，非常能體會員工的辛苦，所以我從不苛待他們，只要《Go車誌》賺錢，我並不吝惜發獎金，而且非常不希望底下的員工缺錢用，日子過得苦哈哈的，我個人經營《Go車誌》的理念與私心上，一部分也是為這些投入汽車媒體產業的後進們，營造一個有朝氣的工作環境跟相對優渥的工作待遇。

▶▶ 想成為汽車媒體新鮮人嗎？

這幾年來，我收到無數的來信與訊息，最多的是一些與車輛有關的問題，再來就是很多剛剛投入社會的新

鮮人，詢問如何跨入汽車媒體的工作，而我的回答從一而終沒變過：「不要來！」

在我們那個年代流行著一句話，如果你要害一個人破產，就叫他去辦雜誌！而現在我依舊不建議大家進入這個行業，原因如下：

第一、汽車媒體產業已經飽和了！而且是超飽！

汽車媒體業的數量與員工數，拿來與國內的汽車銷售數字相比，已經不成比例了，何苦再進來這個擁擠的環境？

第二、汽車媒體產業幾乎沒有未來！

為什麼會說這句話？因為我看太多也做太久了，卻從來沒聽過在這個行業成功的例子，倒是聽過不少離開汽車媒體之後成功的範例！也就是說，很多人待過這個行業卻沒有機會，離開後才找到未來。

第三、不要看「現在」，要看「過去」。

大家常說，很多事情要看未來不能只看現在；然而，在汽車媒體業，不能只看光鮮亮麗的當下，而是要從最一開始看，你要看看別人是怎麼苦熬過來的，不要

只看到他現在天天出國試車、又開好車,就羨慕他的工作,這是假象!試問有幾個人可以過上這樣的生活?老實告訴你,少之又少!

我這樣說,不是要潑大家冷水,真的只是說出這個產業的實際現況,因為實在看了太多失敗的例子;然而,有一種人例外,如果你的家裡不缺你的經濟支援,甚至可以給你生活上的支持,而你又正好很愛車,那麼在這個行業,你沒有後顧之憂。我認為你大可以給自己五年的時間試看看,因為汽車媒體工作者的工作內容,也許有機會可以豐富你年輕時的人生,但我建議五年就好,因為五年後你還年輕,仍有機會另外尋找一個真正有未來的行業。

如果,聽了我所說的「不要來!」你還是不死心,仍想進汽車媒體業來闖一闖,那請再聽聽我的建議。很多人只看到汽車媒體光鮮亮麗的一面,就一頭熱地想要投入進來。因此,我還是想給這些年輕人一些良心的建議,我認為有幾個問題是你在進入汽車媒體產業前需要先捫心自問的:

第一、我是不是真的很喜歡車、對汽車有不可磨滅的熱情？

第二、此行業初入行的待遇並不高，我有辦法接受嗎？（不適合有經濟壓力、需要養家活口的年輕人。）

第三、入行的門檻不高，但被取代性卻高。所以，即使入行還是必須持續努力地累積汽車專業知識，以及寫稿的功力，才不會被淘汰。而自己是否真能堅持不懈？

不少年輕人因為喜愛汽車，而對汽車媒體產業懷抱憧憬，以《Go車誌》為例，每次只要粉絲專頁上登出「徵人啟事」，通常一、兩個小時內就會湧入上千封的求職信。對我而言，有這麼多年輕人對汽車媒體業感興趣，是值得開心的；但也因為現在想投入這行業的人太多，所以若想在汽車媒體業中占有一席之地，除了對汽車不滅的熱情，還要勤勤懇懇地累積經驗和人脈，才能讓自己成為一個不可被取代的品牌。

▲ 因為有厚實的專業作為基礎,「朱嘉偉」這名字成了無可取代的品牌。

　　《Go車誌》成立的過程中,我雖然沒刻意塑造形象,但中肯、專業的說解,讓「嘉偉哥」成了無法被取代的品牌,這是在公司經營中很少見且奇特的。一般媒體負責人被更換,觀眾不會有感覺,但《Go車誌》若沒有了「朱嘉偉」就難以成立,就像《康熙來了》,走了小S與蔡康永這兩位靈魂主持人,也就不存在了。希望藉此鼓勵大家,尤其是想踏入這行的朋友,累積自己的專業實力,經營自己成為無可取代的品牌,才是最重要的。

　　除了2016年進軍台灣的「特斯拉」，台灣汽車市場早在幾年前就已經有電動車上市了，包含台灣自有品牌Luxgen EV，和BMW的i3。

　　我個人認為「電動車」短期內絕對不會是台灣汽車未來的趨勢。為什麼呢？開「電動車」第一個要面臨的問題就是：「充電站在哪裡？」第二個問題是：現在電動車的充電插座尚未規格化，就連台灣目前僅有的兩款電動車Luxgen EV和BMW i3的充電座都不一樣。試想，在電動車市占率很低的情況下，政府怎麼可能廣設充電站？再者，就算現在要設充電站，那充電座要使用哪一個車廠的規格？光是這個問題，一定又是吵翻天。

　　其實，就客觀條件來說，因為地方不大，每一趟車程都不算遠，所以台灣是很適合發展電動車的。但是，如果今天台灣政府要全面發展電動車，第一個遇到的現實問題就是：「中油怎麼辦？中油的員工怎麼辦？」中油是政府的經濟命脈，所以是不可能讓中油倒閉的。另外一個困難就是，充電站的普及化仍是個大問

題，目前就我所看過的充電站，僅101大樓停車場有三支充電座，另外就是日月潭有一個專門給觀光客環湖用的電動車充電站。

另一個問題是：無論你是買BMW i3，或是買特斯拉，都需要在自家裝設一個充電設備、獨立電表，但是這個工程在部分社區、大樓是不被允許的。就算可以順利在家把電充飽，但是就我所知，目前電動車充飽電大概可以跑250～300公里。那麼，如果今天要從台北去到高雄，車程約300公里。這樣開到高雄不就正好沒電，但高雄充電站在哪裡？如果高速公路中途都沒有充電站，那根本是行不通的。

至於最近很夯的話題「特斯拉」，其實我開過特斯拉。除了純電動行駛這個特色，它的內裝有許多高科技介面，讓駕駛者享受到一種全新的汽車科技，是令人印象深刻的體驗。

然而，我認為電動車的發展還有很長一段路要走。畢竟，人類習慣以引擎為動力的交通工具已經將近100年了，我們已經很習慣油門踩下去，車子就產生動力的感覺；當然，電動車也是踩油門，但是它給你的動力感覺跟

引擎是完全不同的。汽油引擎現在已經做到動力表現是非常線性的，當油門踩多一點，它就會「轟──」要衝了那種感覺；油門踩少一點，引擎動力的表現就會很綿、很線性。而電動馬達是很不一樣的，它的特性是你剛踩油門要起步的那一剎那扭力最強，所以它從時速0到100公里只要二秒多。但100公里之後，要再加速就不行了。

有些人會從環保議題來推崇電動車，電動車是吃電的，沒有油耗，當然環保啊！但是，電動車需要製造電池，環不環保？電池製品其實是最不環保的。再來，電動車要充電，「電」從哪裡來？台灣主要是火力發電、核電，環保嗎？現在不是很多人在反核嗎？那麼，以電為動力的電動車，真的比汽油環保嗎？我覺得與環保相關的議題，都要去看源頭，我也常跟網友們說：「要有環保概念，但是也不要太過度而變成『正義魔人』。」因為，很多環境議題都不是簡單而絕對的「是非題」。什麼最環保？每天走路、不開車的人最環保；再追究下去，你還可能要每天光腳、光著身體去走路才是真正環保，因為我們的衣服、鞋子，大多是石化製品，都不環保。

　　從汽車工業發展的觀點，我個人認為，全世界的電動車到目前為止都還不是很成熟的產品，我相信有99.9%的消費者會覺得，購買電動車是「白老鼠」的行為。

　　今天一個新的產品出來，你會想要馬上去買來用嗎？還是會觀望一下，看看別人使用後的評價再去買？汽車這項交通工具，並不是只有電動車可以選擇，今天我有已經發展得很成熟的汽油引擎可以選擇時，為什麼要當白老鼠去選擇電動車？況且，現在電動車的單價都偏高，一輛特斯拉在台灣要賣350萬，BMW i3要250萬。加上電動車現在產量很少，一顆電池的單價也就非常高，假設以一年5萬輛的產能來說，5萬輛攤平下來，一顆電池可能要價100萬；但是等到它一年產能可以達到500萬輛產能的時候，電池一顆可能只要1萬元，而整台車的總價也可望降到100萬以內。就消費者的立場來說，等到那個時候再買，不是比較明智的選擇嗎？

　　科技不斷進步，可能幾年後，電動車的電池就變得更小，續電量也更高。舉凡電子的產品，進步都是很驚人的。假設你現在買一輛「特斯拉」，絕對是超炫、超

帥的，但是你開了一年之後，可能二代就出來了，再開一年，特斯拉三代又出來了。結果，開不到五年，你的特斯拉一代就變古董了。就像智慧型手機一樣，短短幾年的時間，iPhone就已經出到第七代了，如果有人要賣iPhone3，你會要嗎？但是，汽車是動產，一輛車要價不菲，買一輛車起碼開個三、五年都是正常的。今天，買一輛賓士300多萬，三年後賣掉，可能還有180萬。如果是電動車，三年後的變化是很驚人的，可能二代、三代的售價都比你當初買得要低，因此，電動車在台灣二手車市場的不樂觀是必然的。

最後，我認為台灣電動車的發展成敗關鍵還是在「政府」，民間企業是很被動的，新興的產業非常需要依靠政府的支持，才能有發展的機會。台灣其實是適合發展電動車的，那麼，台灣政府為什麼不蓋充電站呢？我認為因為有中油這個重要的國營事業，台灣政府是不可能去全力去支持電動車的。因此，我個人不太看好台灣電動車的未來，我也認為五年、十年內，台灣的電動車市場都不會有太多的發展與變化。

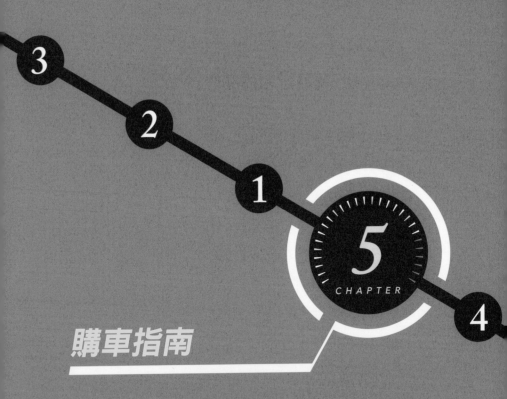

3

2

1

5

CHAPTER

4

購車指南

▶ 買車、養車、換車三部曲，
汽車達人不藏私寶典大公開。

≫ Lexus——我最信賴的品牌

　　熟悉我、認識我比較久一點的車迷都知道，我曾經擁有過兩輛Lexus，第一輛是ES300h、第二輛是GS300h，它們都是Hybrid，都是中型房車，比較大的差異大概就是配備、價錢與驅動方式的不同，但這些都不重要，重點是養車的過程。

　　Lexus在台灣會成功，我相信很多人都知道關鍵就是產品與服務，而身為車主的我，也體驗了兩年多的時間。

　　從訂車、交車到養車過程，這段時間我對於這個品牌毫無怨言且願意大力推薦。我們都知道高階汽車品牌，大多會在展示間或者售後服務的保養廠，花大錢裝修得美輪美奐、氣派非凡，但硬體花錢做就有了，重點是人這個所謂的「軟體」，養車的過程中，我深刻了解到一家車廠的成功，是在很細微的地方做到讓你很安心。

　　Lexus的產品妥善率超乎你想像的好,售後服務品質也無從挑剔,甚至連賣車時的中古車價也讓你滿意。我記得當時買ES300h時,國內油價還在一公升三十多元間波動,ES300h每次加滿油可以跑一千多公里的油耗水準,至今仍讓我念念不忘,從業代把車鑰匙交到你手上的那一刻開始,你享受的是很貼心的服務,與滿意的車輛品質。

▶▶ 朱嘉偉的購車哲學

受惠於專業車評的身分，我經常能夠試駕、講評各式車款，不過總是有許多網友好奇地問：「朱嘉偉，你自己開什麼車呢？」老實說，從事這個行業二十幾年來，換過無數台車子，我一直不停地在買車、換車的循環中；這麼做並非愛車成癖，而是因為我認為多多嘗試不同車種、不同等級的車，可以讓我時時保持對車的敏銳度。我總秉持著這個觀念：「如果一年365天都吃同一家餐館的小籠包，沒有品嘗過其他家的口味，那要如何去評比各家小籠包的優劣？」

因此，各式各樣的車我都買，不限品牌。我習慣同時擁有二、三輛車，輪著開，就像我的比賽車也有三輛。對於鎮日與車為伍的我來說，每天開不一樣的車子，的確有助於持續保持對車子的新鮮感和敏銳度。

我的車子通常都是買來一年就轉賣了，然後再買新的車，這是我身為汽車媒體人的優勢，買車時會相對便宜，賣出時有一點損失也在我可承受的範圍。這樣做的

好處是我得以一直不停地嘗試最新的車款，包括每個車廠的售後服務，畢竟汽車科技一直不斷在創新，既然身為車評，我要求自己也必須不斷嘗試新的車款，這是必要的投資；舉個例，我目前開的車是BMW，而以前也開過Toyota，兩者一比，我就可以很清楚洞悉這兩款品牌各方面的優劣與落差。

但是，我的意思當然不是要拿500萬的BMW和80萬的Toyota來比較，因為這顯然是兩種不同級距的車，我們總不能要求80萬的車子，在性能上要做到500萬車子的表現；我真正要表達的意思是：多體驗不同品牌、不同類型、不同級距的車子，能豐富我們對車子的認識。這就跟人生歷練一樣，如果一個人的人生閱歷很廣、很豐富，當中的酸甜苦辣都嘗過了，基本上不論遭遇到任何事，我們對自己的感受都會很清楚，看人看事也都會看得很透澈。

基於這些理由，我認為身為汽車媒體工作者，嘗試不同品牌、不同等級的車款其實是有必要的，這是一種專業的養成。對於車子，如果沒有實際的駕駛體驗，怎

麼能體會車子在不同路況行駛中傳達給駕駛者的感受？
又如何能對車子做出貼切的評價呢？

　　我參加很多車廠的試車活動，其間常常看到一些新
進的編輯，活動一整天下來，開車的時間比滑手機的時
間還短！我心中不免感慨，如果你對車沒有熱情、看到
它不會興奮，你的車評再怎麼寫都只能寫到皮毛，不可
能寫到精髓的，因為你並不投入。

　　因此，雖然有人嫌我浪費，但我真的從不吝惜買
車，除了個人對車子的熱愛，我更把買車當成自己對汽
車專業的一種投資，這代表著我敬業的態度。

　　每次一提到買車，就會有許多人問我什麼樣的車
好？會推薦哪一個廠牌？我總是這麼說：「買車不要
看廠牌，就像買衣服也不要看logo。適合你的就是好
車。」老實說，我可以開1千萬的超跑，也可以開50萬
的Toyota Yaris，我對車子的接受度真的很廣，因為不
同車子適合不同人的需要，端看使用者的需求是什麼？
然而，消費市場剛好相反，我覺得到現在很多台灣人
買車常常還是只看牌子、看旁人的眼光，而不是看自己

的需要。就像之前，我朋友看到我開Toyota的車，就跟我說：「你怎麼開Toyota？應該去買BMW啊！」我疑惑地問：「為什麼？」朋友笑著回答：「因為你開BMW，女朋友就會變很多喔！」或許這只是一句玩笑話，但也突顯了很多台灣人在買車時，優先在意的往往不單是車子本身的性能，還有汽車廠牌所附加的社經地位，或讓車子作為彰顯身分的象徵。

我誠心地建議消費者要建立一個觀念：「車是買給自己開的，千萬不要為了別人的眼光而買。」另外，買車雖不是男人的專利，但卻是大部分男人的目標、夢想，然而買車的目標與夢想，是會隨著年齡的增長、邁入人生的不同階段而不斷改變。以現年48歲的我來說，我買車的目標絕對與18歲時不同。

年輕時買車得靠父母，沒父母可以靠，皮帶就得勒緊一點，每個人的第一輛車大多是從兩輪族晉升而來，因此，可以遮風避雨就已心滿意足；年輕時，買車當然是為自己，而且多少都會想把愛車改得與眾不同。

所以，我建議的是，人生中的第一輛車不妨買輛改裝空間大的車款。我個人並不排斥改裝，音響升級也是改裝，換個輪圈也是改裝，只要你的改裝不影響其他人，而且駕駛觀念不要也因此改裝了就好。很多人一改車就喜歡開快車，其實改車的熱趣不要侷限在速度的追求，你會發現改車的樂趣其實範圍很廣。

　　成家立業之後，買車就不是為自己了，而是為了妻子兒女、為了長輩，此時此刻，你的身分就是司機，一個滿載全家出遊的司機，你的目標就是創造滿車的歡笑與回憶。也因為每個人的車子所搭載的大部分是我們至親至愛的家人朋友，所以這幾年我講車時，一直在強調以往不夠被重視的「安全性」，結果車廠抱怨、消費者也罵我，就因為這些安全配備讓車價變貴了，但我仍然堅持這份想法，原因無他──「安全無價」。

　　不論你購車的預算多少，新車或者中古車，請記得把安全配備的多寡放在第一考量，事前的防範總比事後的遺憾好；但更要記得，再豐富的安全配備不代表萬能，最好的安全配備就是駕駛者自己的開車觀念。

▶▶▶ 買車的魔力

我在18歲時買下人生的第一輛車。

這個年紀的男人，買車的考量都是為了自己、為了帥！不外乎我常在TVBS戲稱的：「男人只要有車就帥50%。」

我還記得18歲的自己，某天突然很渴望擁有一輛車，於是自己跑去賞車，千挑百選看上了一輛飛雅特的Uno，這是一輛非常有個性的黑色三門掀背小車。年紀輕輕的我就想買車，口袋當然沒錢，於是有些心懷不軌地帶著媽媽去看車，然後央求她買給我。媽媽很疼我，也因為我之前發生那個生死攸關的嚴重車禍，她不希望我再騎摩托車了，於是就幫我買了這輛車。

買車之後，不誇張，認真覺得我的整個生活變得不太一樣了；第一個改變，我的朋友變多了，尤其周遭女性朋友變多了，哈哈；第二個改變，我和家人的互動也變多了，有車後不免經常義務接送家人外出，我爸媽也很自然地常叫我載他們去大賣場買東西。

總之，很奇妙，因為晉升為有車族，就像施了魔法，人緣突然間變好了！

所以說，「買車」真的是人生中的大事，一個全新的里程碑！我知道很多消費者買車前都會上網努力做功課，深怕漏失任何重要資訊，而我也常被詢問：「哪輛車好？保不保值？」

OK，現在我們就來談談買車這件人生大事吧！

▶》賞車不隨便

買車前，除了上網搜尋資料，最直接的就是走進車廠展示間賞車。賞車有什麼注意事項嗎？有的，我的確有個小建議，那就是去賞車時，請盡量穿著體面一些。我曾經做過一個節目單元，請員工打扮成學生模樣，走進BMW展示間賞車，果然，業代的態度就是冷淡、愛理不理。當然我們也不能一味苛責業代的服務態度，因為車廠業代經常服務到一些把賞車當娛樂、當興趣的客人，所以他們也會觀察上門的客人是否可能成交，再決

定花多少時間來接待。但這也不是說你一定要盛裝打扮去賞車，只是至少不要穿個汗衫、拖鞋就進展示間。

　　賞車的後續是試乘。除非這輛車未來五年內，乘坐者都只有你單獨一人，否則絕對不要自己一個人去看車、試車，建議你帶著家人、好友，那些未來可能會經常跟你一起搭乘這部車子的人，一起去試乘。比如說，如果你這輛車未來要載的是妻小、長輩，就要讓他們實際體驗車內的空間舒不舒適，感受車子行駛時底盤是否夠穩定，在後座的長輩、孩子會不會頭暈等。既然車子未來不會只有你獨自一人乘坐，其他乘坐者的意見也都是你需要去傾聽並列入購車考量的。

　　像我曾經購入一輛BMW的房車，開開心心開著這輛車要載我父親出門，結果，萬萬沒想到我父親要上車時，頭一下就撞到車門門框，我當下非常懊惱，心想如果當初帶我爸去試乘，就會知道車身太低、老人家上車不便，我就不會買這輛車。不經一事，不長一智，也是經過這個教訓，我才體會到，如果車子要常載老人家，最好買SUV，SUV車體較高，老人家進出不用屈身彎

腰，坐起來也不會像搭乘房車時整個身體會陷進座椅中，而可以挺直腰、比較舒服。後來，我另外買了一輛SUV的車款，只要是跟我爸媽出門，我都開這輛SUV，作為爸媽司機的我，當下所有對車子性能的要求、駕駛樂趣的追求等等的，全都拋諸腦後了，唯一的希望就是爸爸媽媽在車上時，大讚這輛車坐起來很舒服、很寬敞，那就是我能得到的最大滿足了。

▶▶ 請考量折舊率

許多男人會把愛車視為情人、第二個老婆，這當然是一種浪漫的說法。我自己也是非常愛車的人，能理解男人對車子的特殊情感。然而，我也是個理性的人，拉回現實面來看，車子是一種動產，而不是情人，更不可能陪著我們一輩子。因此，買車時不能只想著當下的那個時間點，而應該考慮到五年、七年後，你可能要轉賣這輛車子時的情況，這幾年所產生的折舊率是否是你能接受的呢？

　　買車前一個現實的問題就是：「這輛車保值嗎？」我認為台灣最保值的車，應該非Toyota莫屬。所以很多人問我要買哪一輛車時，我常建議買Toyota，因為，不論這幾年車子開得如何，當過幾年要轉賣時，他一定會開心車子折舊率很低，賣了個好價錢！對於一般三十幾歲事業剛起步的中產階級，我會建議你將車子的折舊率、保值與否，列入重要考慮因素中。或許，你心目中的目標車款是某些進口車款，只是限於預算才不得已入手Toyota等國產車，可能會覺得開起來中規中矩，底盤也沒有你想要的穩定感。但仔細想想就這麼三、五年，你忍耐一點開，三、五年後，當你人生進入新階段，能力更好、預算增加了，還可以開心地以高價賣掉，作為換下一輛車的購買基金，何樂而不為？當然，如果你口袋很深，也不在意車子的折舊率，就可以忽略我上面的建議，自由地選擇你心目中理想的各種車款了。

▶》買車前請停、看、聽

　　我常提醒汽車消費者，買車時，千萬不要犯下跟買寵物一樣的錯誤。怎麼說呢？我常常聽到有人在寵物店看到毛茸茸的小幼犬，當下覺得太可愛了，一時衝動、不假思索地帶牠回家，卻完全沒想到狗狗回家後才是惡夢的開始，到處亂咬、亂啃，隨地大小便，動不動就生病，要花時間、花錢去看獸醫等。

　　其實，買車子的道理並無不同，你在展示間看車時只覺得外型好帥、內裝好科技感、好炫，但你是否真的明白這輛車的性能？後續的保養費不費事？花不花錢？所以，買車前多做功課的確是必要的，在你衝動下訂前先喊「停」——現在網路資源很多，先上網多找關於這輛車的相關資料；接著要「看」——看這輛車的車評、試駕報告；最後是「聽」——聽網友怎麼說，現在很多車友會成立車子家族的FB社團，如Yaris、VW Sharan等都有，你也可以事先加入，了解這輛車實際上路後可能會有什麼問題，這些情況是不是你所能接受的？

　　當然，網路言論五花八門，上網爬文後，或許會有一種千頭萬緒、眾說紛紜的茫然感。然而，要判斷孰是孰非並不難，比如說：如果查詢某一輛車的評論，有99個人說不錯，只有一、兩個人批評，這時大可忽略那2個極少數的特殊狀況，因為現在車廠的業代除了賣車，還多了個新工作──當網軍在網路各大論壇或社團攻擊其他車廠；所以，在上網聽取網友建議時，不能夠照單全收，還是要有一些判斷力。

　　最後一項是關於「預算」。每個車主買車前，都會先預設一個購車預算。但有不少人會因為預算不足，最後只好屈就自己不喜歡的車款，在我看來這樣非常可惜。比方說，你原本喜歡的車是80幾萬，但手頭連頭款8萬都沒有，只拿得出來6萬，於是，你只好先買1輛60幾萬、你不是很喜歡但負擔得起的車。如果是這種狀況下，我會建議你，不妨延後購車時間，再多存個一年的錢再買車。很多人在買車時都太急了，原本有心儀的車款，考量經濟條件後，卻買了一輛不是很想要也不是很適合自己需求的車。我說，買車不是買一顆高麗菜，幾

天吃完就算了，車子會陪伴你的時間平均起來也有五年之久，所以，如果理想車款和你目前所有的預算差距不會太大的話，你可以強迫自己延遲享樂，緩個一、兩年再買，換得接下來好多年和愛車相伴的時光。

▶▶ 購車「新頭腦」

「買車時，你最在意的是什麼？」

二十年前，在展示間的車，只要有四個輪子、一個方向盤，會跑就可以了；如果再進一步，大家在意的可能是：內裝有沒有胡桃木飾板、車內空間的舒適性、冷氣要冷、最好配備皮椅等。然而，隨著汽車科技的日新月異，油價飛漲，以及全球環保意識的抬頭，最近這五年，歐盟對汽車科技竭力強調的是「環保與節能」，從Euro1到Euro5、6，歐盟政策上強調主要就是三大方向：一、降低廢氣排放；二、提升油耗表現；三、減少CO_2的排放。這幾個方向，也是全球汽車車廠目前所致力研發突破的要點。

　　因此，我認為身為新世代的消費者，你最需要的買車觀念就是節能與安全。

第一、節能

　　節能主要講的是汽車的油耗表現。在二十幾年前，汽車以1公升的油能跑10公里就很不錯了；現在，1公升的油最高可以跑到30公里，甚至40、50公里的也有。選擇一輛節能的車，不但可以多愛地球一點，也可以讓你減少進出加油站的次數，節省許多金錢與時間。

第二、安全性

　　以前的車哪有什麼安全氣囊和循跡系統？而現在，安全氣囊和循跡系統可以說是最基本的安全配備了。但是，我還是經常聽到許多長輩說：「為什麼要安全氣囊？我開了一輩子的車，也沒撞過車，根本用不到。」、「氣囊一顆4萬，兩顆8萬，我為什麼要多花8萬塊？」如果你的觀念也是這樣的話，那真的是有點落伍，需要好好重新升級一下自己的購車觀念了。

以前，一提到「安全性」，大家就聯想到板金厚的歐系車，普遍的認知是板金厚就等於安全，事實上，板金再怎麼厚，撞擊力道過大的話，照樣要出人命，因此這個觀念已經逐漸被淘汰了。身為汽車消費者，你買車時如果還在看這汽車板金厚不厚，有多少的防撞鋼梁？那你的觀念可能還是停留在二十年前。身為新時代的汽車消費者，若真的重視汽車的安全性，那麼你要看的應當是安全配備的多寡：第一、有幾顆氣囊？第二、有沒有循跡系統？第三、撞擊測試的成績，包括車子撞擊後車內的潰縮空間有多少？以及潰縮後所造成的人員傷亡狀況如何？

汽車是一個讓你可以從A點快速移動到B點的交通工具，儘管你自認為是一個很安全的駕駛，但也無法保證別人不會來撞你，我們永遠不知道意外何時會來。這也就是為何這幾年講車時，我一再地強調「汽車的安全性」的原因，每個人車上搭載的絕對都是最親愛的家人、朋友、女朋友等，而我們不可能保證自己一輩子都不會發生事故。這些安全配備，很可能就是在萬一我們

不幸發生事故時，救自己或救家人一命的關鍵！

那麼，在強調安全性的新潮流中，一部車應有的基本安全配備是什麼？就歐盟、北美、日本這三大汽車工業區域來說，他們的汽車撞擊測試，都強調以下幾點：

1、六氣囊：包含車側氣簾。在歐盟、北美地區，現在都認定六氣囊是基本配備。因為沒有人可以保證發生事故時，撞擊一定是來自正面，而人體最脆弱的地方在頭部，萬一不幸在十字路口遇到酒駕從側面撞你時，車側氣簾就可以保護頭部免於直接撞擊車窗玻璃。目前，台灣有些熱銷車款都還停留在二氣囊，保護作用其實是不夠的。

除了六氣囊，歐洲車廠對於汽車安全性的提升也都致力開發新的汽車科技，比如說賓士車廠研發出一種新的技術，就是當車側雷達偵測到有他車高速接近且確定會撞擊本車時，車側氣囊會提前半秒先預爆，並且把人往中間推，藉以保護駕駛或乘客免於撞到車側的玻璃或金屬。當然，這屬於新技術，消費者如要追求這類高科技產品，勢必需要付出相當高的金額，我認為未必需

要，六氣囊的保護其實已經很不錯了，而以台灣市場來看，目前60～70萬的車子也都配有六氣囊了。

2、**循跡系統**：除非身處乾旱無雨的地區，否則我們開車上路都有可能遇到大雨，一旦在雨天，駕駛為了閃避車道上的突發狀況，可能是一隻突然衝出來的小狗、小孩，或是前車緊急煞車等狀況，有些新手或經驗不足的駕駛因為當下緊張，將方向盤轉向過度，此時車輛就非常容易會失控、打滑，甚至原地轉陀螺。然而，如果你的車配有循跡系統的話，它可以幫你將方向盤的過度轉向修正回原來的車道，進而避免車輛失控打滑的危險情況。目前，在歐盟、北美上市的車，「循跡系統」已經都是必備設施。

▶》「優良的駕駛觀念」是最好的安全配備

當代的汽車科技一直不斷進步，除了我剛剛提到的六氣囊、循跡系統，當然還有其他更高科技的安全配

備，例如：跟車系統、車側盲點系統、車道偏移系統、行人偵測系統、路標偵測（時速偵測）等。然而，我並不鼓勵大家過度強調、追求這些安全配備，因為行車安全的決定性要素，最終仍要回歸到「人」，也就是駕駛者本身，安全配備再好，也只是輔助的工具。我認為一個不守交通規則或酒駕的駕駛，他的車有再好的安全配備都是枉然；相反的，對於一個優良駕駛來說，車子的安全配備就是項輔助，如同多買了一份保險。為此，我不厭其煩強調並提醒大家的就是：「優良駕駛的觀念，才是最重要的安全配備。」

▶▶ 你買車還在殺價嗎？
拜託，別榨乾你的業代

現在網路上很流行「菜單」，所謂「菜單」就是很多汽車消費者會在成交後，上網PO出新車成交的內容清單，包括：車子的規格、配備，甚至業代所給的贈品，以及成交的總價等。或者有很多網友要下手前，就

會上網去要「菜單」作為和業代殺價的參考！這樣一來的結果，就是不少網友會拿著在網路上找到的折扣最低價、贈送最豐盛的菜單，去跟業代殺價，而且殺得血流成河、片甲不留。只是在這裡我要給消費者一個良心的建議：「真的不要榨乾你的業代。」或許買車時，殺價殺很大、殺得很開心，但是，你有沒有想過買車之後的問題？有想過你和業代的關係，可能會影響未來幾年的養車之路嗎？

　　我本身也是一個汽車消費者，這麼多年來的消費經驗讓我體認到一件事，業代不僅僅只是賣車給你而已，他賣車所拿的獎金當然也包含了未來好幾年他的售後服務。或許，在賣車時為了業績，他願意損失獎金，不是很愉快地接受你的殺價而成交，但之後，當你的車子有問題要進廠維修、保養時，他可能就只能提供你最低限度的服務，羊毛終究出在羊身上，賺了前頭卻失了後頭。所以，作為一個消費者，我和業代相處的觀念是：你可以賺我的錢，只要別太誇張我都可以接受，但希望你業代後續的服務要用心、要有熱誠。因為如

此，和我配合的業代都超過十年以上，我喜歡為人實在、用心服務的業代，我認識一個本田的業代，他就非常熱誠，當我的車子需要保養時，只要一通電話，他立刻過來拿車，保養完，總會貼心地幫我洗好車、加滿油，才開回來給我。有一次我的車在花蓮發生事故，他聞訊後竟然二話不說立刻開車到花蓮來幫我處理，有這麼好的服務品質及熱忱，我後續也介紹了不少朋友去跟他買車。

我認為人與人之間的關係是一種良性的循環。一個成功、資深的業代也會具有挑「好」客人的眼光，當你在買車時，如果願意給業代一些善意、一點甜頭，聰明的業代遇到好客人也會格外珍惜。當你愛車保養時，他或許會幫你爭取一些額外的優惠；有好康也會立刻報給你知道，給你VIP級的服務。合作愉快的話，你也可能因此還會再跟他成交第二輛車、第三輛車，甚至介紹親朋好友跟他買車。這樣互利、互惠的交易，何樂而不為呢？相反的，如果你為了兩、三萬的價差和你的業代撕破臉，長遠看來，對車主才是得不償失的。

買車絕對和上市場買菜、買衣服不一樣，你和老闆殺價殺紅眼，買到低價就贏了。但是別忘了，買車其實還買服務，養車的路可短可長，聰明的話，就把業代當成是可以幫忙你一起照顧車子的好朋友，而好朋友值得你好一點的對待，尤其如果你是新手駕駛的話，就更需要了。我想到一個十分貼切的譬喻，業代就像你車子的「保姆」，試問：你榨乾保姆、保姆不開心走人，接下來，誰要來照顧你的孩子？當然剩你自己，你就得認命獨力來照顧他了。如果你希望接下來的養車之路走得輕鬆一些，建議找個可信賴的業代，和他成為好朋友吧！

除了業代，也可以和車廠的技師建立一點交情。和他們關係好，你在保養時常常可以享受到一些意想不到的優惠；買車時千萬不要為了一點點蠅頭小利，而因小失大，失去了好的售後服務，甚至是認識好朋友的機會。

▶️ 買車容易，養車難？

有一句耳熟能詳的俗話：「買車容易養車難。」或許這句話講的是開車在金錢上的開銷不容小覷，但其實也講出另一個概念，就是車子是需要用心去保養、照顧的。對於新手車主來說，「養車」肯定只有一個模糊的概念，其實就有點像人們常說的：「婚禮只是一時，婚後的相處才是一輩子。」車子也是一樣，買車只是一時，開車則是好幾年的漫漫旅程，當然，和一輛車的相處沒有一輩子這麼沉重，但少說也有個三、五年的時間，這段期間你要怎麼照顧你的車、會遇到什麼問題，絕對是更需要你去耐心學習並深入了解的。

▶️ 保養二、三事

車子需要保養，就像寵物也需要美容、除蟲。如果你很在意後續的保養問題，那麼買車時，就要將保養的費用和地點的便利性都考慮進去。保養的價差很大，比方

說，我曾經買過一輛Volkswagen，單次保養要11,000元（1萬5千公里保養一次）；我也買過Toyota，Toyota單次保養只要2,800元（5千公里保養一次），保養內容其實大同小異，一樣是換四瓶機油、檢查齒輪、皮帶、冷氣健檢等。另外，保養廠與你之間的距離也是要考慮的，在台灣，設置保養點最密集的車廠是Toyota，幾乎像是7-11一樣，如果你家在忠孝東路五段，只要到忠孝東路六段就有保養廠，非常便利。

關於保養，不時有消費者會問：「保養一定要回原廠嗎？民間很多私人保養廠的價格優惠很多欸！」當然，去私人保養廠也不見得比原廠差，只是現在很多車廠的新車保固期限愈拉愈長，比如2016年6月剛發表的Kia，新車不限里程提供七年保固，不過這些保固都會加上但書，車主必須做到：

1、車輛定期回原廠保養

舉個例子來說，原廠換一瓶機油要600元，私人保養廠只要199元，而且也是不錯的油。理論上來說，應

該任何人都想選擇199元。但如果，今天你去了私人保養廠，結果運氣不好，技師幫你換好油之後螺絲卻沒鎖緊，車子開出去後就開始漏機油，在高速公路上突然冒煙，結果一看，沒機油了，車輛故障想回原廠維修，這時原廠會告訴你：「很抱歉，車主您不是在原廠保養，我們無法提供保固。」

又或者，新車都會有保養的時間表，比如，新車里程數達5千公里保養一次，再來是每達1萬、1萬5千、2萬5千公里各保養一次，你在5千公里時回原廠，但接下來都在外面民間保養廠，結果不巧開到3萬公里時車子壞了，車子回原廠，原廠一看：「很抱歉，您中間都沒有回來保養，保固一樣失效。只能請您自費修理了。」因此，「保固」的重要性，其實是不用多說的。

2、不改裝車輛、破壞線組

有些人喜歡改裝車輛，但你知道原廠也會因為車輛做過改裝，就不履行保固嗎？改裝有一個簡單的原則，就是盡量不要破壞「原廠的線組」。現在技術上已經有很多可以做到不破壞原廠線組的改裝。

目前最常見的改裝，第一個是音響改裝，音響改裝要剪線；再者就是電腦；第三個是引擎的周圍，像是進、排氣、排氣管等，而這些改裝都是可復原的，如果真的需要用到原廠保固時，你可以把改裝的部分拆掉再把原廠裝回去就好。

然而，改裝最怕的就是剪線，車子有一串俗稱「肉粽線」的線組，如果你改裝時剪到這串線，原廠就不會再提供保固了。

▶▶▶ 「中古車」是首購族的最佳選擇

關於「養車」這檔事，是首購族最需要好好學習的一門功課。我一直認為新手駕駛或是要買人生中第一部車的人，不見得要買新車，「中古車」其實才是首購族最好的選擇。我在車訊雜誌當了十七年的編輯，其中前七年都在做《二手車訊》，這是一本專門介紹中古車的雜誌，因為了解中古車，所以我個人非常贊成首次購車的年輕人，應該好好挑一輛價錢合理且堪用的中古車來

　　學習。我知道很多年輕人剛拿駕照不久，就覺得自己懂車、會開車了；當然，想開新車是人的天性，然而，根據我本身及汽車媒體專業的經驗，買中古車的好處非常多，在這提供幾個思考的方向供首購族參考。

　　首先是整體交通環境不佳的問題。我因為工作的關係經常到處跑，也在世界各地各大城市開過車，相較起來，台灣的用路環境可以說是數一數二的「亂」。台灣交通的頭號亂源就是「摩托車」，摩托車一多，交通當然亂；再來不遵守交通規則的人也多，亂闖、亂鑽的人更多；另外，計程車、公車也多，再加上台灣的道路品質其實不是很好，道路的寬度也不夠，所以事故、擦撞也非常多。因此，如果今天你是新手駕駛，開一輛20萬左右的中古車，來慢慢適應台灣的用路環境，就算在路上不小心擦撞，你也不會太心疼。

　　第二，就二手車本身的狀況來說，選購的時候要注意里程數。假設1輛車的壽命（里程數）可以跑20萬公里，那麼，前2萬公里其實是最難開的，就像嬰兒很難養一樣，把車子想成是個人就很容易理解這個概念；再

來，從2萬公里開始到10萬公里則可說是青年期，體力最好、耐力最好，這也是車子最好開、開起來最順的時期；里程數十萬之後，就慢慢走下坡，像人進入中年、慢慢步入老年一樣。所以，如果你可以買到里程數7萬公里左右、正值青年期的車子，就像是人家已經先幫你把小孩養大了，接下來你來照顧這輛車子會省力很多。

第三、掌握折舊率，中古省很大。我們都明白新車從一掛牌上路就開始跌價了。比方說，一輛新車100萬，一掛牌上路，輪胎一滾，立刻八折，剩80萬；繼續開一段時間，跑了約3萬公里，賣到中古市場上，只剩60萬；如果此時，你接手買了這輛車，是不是立刻減少失血40萬的痛呢？這輛車到你手上之後，假設你開了三年之後決定再出售，雖免不了又折舊，但極可能還有45萬的好價錢唷！是否有點出乎意料之外呢？我講個關於中古車買賣的基本概念——車子的折舊率是逐年遞減的，第一年到第三年的折舊率最高、最恐怖，第三年之後，車子的折舊率就逐漸趨緩了。因此，只要你能掌握好車子折舊率變化的規則，確實可以省下大筆金錢。

　　由上述幾點可以了解到：買中古車的優勢就在於已經有人先幫你吸收掉前幾年的高折舊率，並且還一併幫你把「難帶的嬰兒」養大了，豈不是很划算？

　　雖然買中古車的好處多多，但相對的，風險也比較高，如果你決定要買中古車的話，一樣建議你要注意以下幾件事。

1、千萬不要自己一個人去看車，記得找身邊熟識、懂車的人一起去。比如已經有過好幾部車的長輩、親友，最好的是正好有認識在修車廠工作的朋友，找他們陪你一起去！在台灣買中古車，最怕買到「事故車」、「泡水車」（台灣常淹水）、「贓車」、「拼裝車」等，找個懂車的人一起去，可以避免這樣的風險。

2、原始證件不能少。不論是新車或中古車，買車時一定要有原廠證件、出口證明、進、出口海關資料。有些中古車的這些證明都遺失了，千萬不要聽信車行老闆說：「嘸要緊啦！」我之前有個朋友就是買到贓車，一直到在路上被警察抓了才知道。他跟

警察說他車子是在某中古車行買的，但沒想到那家車行竟然已經倒閉了，幸好後來好不容易找到那個車行的負責人，我朋友才得以證明自己的清白。所以，買車時，記得車子也要有「身分證」，記得核對一下證件上的編號和車輛編號、引擎編號是否相同，也要注意有沒有偽造的問題。

每個人養的第一隻寵物，通常都養不好；每一對新手爸媽養的第一個小孩時，也常會發生許多措手不及、不知該如何處理的狀況。養車也是一樣的道理，因此，我才建議首次購車的年輕人能好好挑選一輛堪用的中古車，用這輛車來慢慢適應台灣的用路環境，並且學習養車的知識與觀念，小至每個月的油錢，大至一次換四個輪胎需要多少錢，都是你必須逐漸累積的養車知識。

▶》》「外匯車」的利弊與注意事項

　　有些人購買高單價進口車時會尋求「外匯車商」，外匯車有其利弊，在下文將介紹購買的注意事項。

　　所謂「外匯車」，就是透過台灣的貿易商，購買直接從國外進口的車輛，也就是「水貨」，通常都是在國外已經掛過牌的中古車（或稱「新古車」）。

　　我認為選擇「外匯車」主要的優點有：

1.外匯車價格優惠，又可申請新車貸款利率

　　外匯車有一個好處，雖然它已經掛過牌，在國外算是「中古車」；但是台灣有一條法規，就是只要在台灣第一次掛牌的車子，都認定為新車，可以向銀行申辦新車貸款利率。新車的貸款利率大約3.5～4.5％，而中古車的貸款利率要7～10％，其實差很多。舉個例子來比較一下，比方說有一輛賓士S400總代理報價新車520萬，同時，在加州也有一輛賓士S400開了一年，外匯車商引進到台灣，只賣250萬，如果你是消費

者，你會選哪一輛？光看價錢，後者是不是很吸引人？再進一步說，這輛在加州已經開了一年的S400，還可以申請3.99％的新車貸款利率，相較之下，如果你在台灣買一輛總代理公司貨的賓士中古車，卻只能用7～10％的中古車貸款利率，差別極大，所以外匯車的CP值真的很高。

2.台灣民間雙B專門保養廠多，零件取得容易

在台灣，總代理汎德公司已經表明不維修「水貨」。你車子壞了，沒有零件怎麼辦？然而，神通廣大的貿易商已經解決這個問題。在台灣，「雙B」（Benz、BMW）的車，沒有「零件」取得的問題，而且民間雙B專屬的保養廠也很多，所以雙B的外匯車在保養維修上，是相對令人放心的。

3.美規車的配備通常都比較好

同個車款，有些在台灣要選配的，在美國都是標配（標準配備）。而且，可能還多了皮椅或是中控螢幕較大之類的配備。

那麼，外匯車的缺點有哪些呢？

．保固，風險高

雖然，外匯車商一樣會給你保固，但卻是風險較高的保固。因為，我們常看到有些中古車、外匯車商，常常無預警倒閉，可能同一個店面，關門後不久，又重新掛牌開張，換個老闆經營。當然，如果你所買車的車行倒了，車子的保固也就沒了。所以，你要買外匯車的話，記得尋求已經經營了二、三十年信譽、口碑良好的外匯車商（北、中、南都有），盡可能不要找新成立的公司，會比較有保障。

．車子來源不明

其實，就我所知，外匯車有九成都是從國外租車公司流出來的，租車公司的車有什麼缺點呢？第一、租車公司的車里程數累積得很快，但是里程數是可以調的，所以就算是一年份的新車，你也無法知道實際上它開了多少里程。第二、車子本身的保養大多數來說都是很粗糙的。第三、你要有心理準備，這輛車被很多不同的駕駛者開過，車況一定不怎麼好。

總之，外匯車最大的問題就是你不能掌握的它的來源。之前我有個朋友也買了一輛外匯車，賓士E-class，總代理要價350萬，他跟外匯車商買到一輛180萬的，交車後非常開心，還開來給我看。結果才開心沒多久，有一次他把車開去洗，洗車店的老闆從他的駕駛座電動椅下，撈出一盒名片，上面寫著「加州××殯葬公司」，他大吃一驚，心想前車主八九不離十是從事殯葬業的。後來，他開這輛車時總覺得心裡怪怪的，所以隔了一個多月後，他就咬牙把這輛車轉手出售了。

說到這裡，外匯車最吸引人的莫過於價格，一樣看起來近似全新的外表，價錢卻只要台灣總代理報價的一半上下。但最大的風險就是完全不知道這輛車的來源，無法曉得這輛車之前的用途，只能看這輛車有沒有撞過，至於里程數，其實也不準，因為它是可以調整的；所以再三強調，如果真的要買外匯車，請找信譽良好的貿易商，比較有保障。

▶▶▶ **車子是非常誠實的寵物**

為什麼我強調「養車」的重要性呢？我常說，我們應該把車子當成一種有生命的動物來照顧，因為我們怎麼對待它，它會立刻如實回饋給我們。車子這東西，小到一個火星塞、一個加機油時的黏度指數，都會立刻反映在它的性能表現上，比如：火星塞換新了，油門踩起來就比較輕；用了適當的機油下去，感覺車子變省油了；輪胎的胎壓多兩個PSI或少兩個PSI則會讓人覺得車子的油耗改變或車子比較穩或比較跳。所以，你車子中每一個小零件、每一次的保養、用的產品對不對，都會直接影響到你駕駛它時的感受。所以，我認為車子真的是一種最誠實的寵物，你怎麼照顧它，它就怎麼回饋你！

我是一個非常照顧車子的人，不只是車子內部的零件、整體的保養，包括車子內外的整潔，我也非常重視。在我的車上幾乎看不到一根頭髮，我自己甚至不在車上吃東西；我想說的是，用車的方式其實也反映出了一個人的生活方式。

你相信從一個人的用車習慣可以看出一個人的個性嗎？觀察身邊朋友的用車習慣，我也慢慢歸納出一些有趣的道理。一個女人，你看她的居家環境，就可以知道她是不是一個稱職的家庭主婦；男人呢，你看他的用車習慣，就可以知道他是不是一個顧家的男人。

有些人非常顧車，車子開了十年，看起來還是像新的一樣，性能優良，車內車外也整理得一塵不染，這樣的人通常生活有計畫、做事有效率；也有些人車子才買不久，表面就好幾個小撞痕也不處理，車子裡一團亂也不整理，你可以想見他家裡的環境也絕對整潔不到哪裡去，這樣的人通常比較隨性，但可能連帶著工作態度也比較散漫、缺乏管理時間的能力。所以說，我光是看一個人的用車習慣就可以知道這個人的居家環境、做事態度。由小見大，你也可以檢視一下自己的用車狀況，看看它是否正是你整個生活現況的縮影？

▶▶▶ 我該換車了嗎？

　　我之前說過車子是動產，再怎麼好的車也不可能陪你一輩子，因此，每個人都會遇到該不該換車的抉擇時刻。當你也開始疑惑「我該換車了嗎？」不如參考以下三項指標：

1、保固到期

　　很多人喜歡在保固到期前把車子賣掉，因為車子保固期一過，都會大幅折舊一次。比方說，Kia 七年保固，很多人會在開五、六年時換掉，因為七年保固一過，售價可能瞬間又少了一、二十萬。

　　為什麼中古車有沒有在保固期內這麼重要？因為現在有不少私下買賣或中古車買賣的糾紛，假設你買了一輛中古車，開了三個月，引擎縮缸，中古車商通常都不會幫你處理，這時候，如果還在保固期內，回原廠順利修好，沒事；然而，如果沒有保固了，買主就要自認倒楣、自己花錢處理。所以，如果能在車輛過保前賣掉，對買賣雙方都是利多。

2、家庭成員改變

　　很多人因為家庭成員結構改變而換車，比方說：有了第二個孩子，需要後座更寬敞的車或適合裝安全座椅的車。我個人的例子則是前面有稍微提到的，因為我父親年紀大了、換了髖關節後行動較為不便，所以我就換了一輛SUV的車款，讓他在上、下車時，不用屈身，坐起來也比較舒適。

3、收入變多，身分地位改變

　　最後這點，也是比較現實的，很可能你收入增加了、升總經理了，需要換一輛合你身分地位的車子。這也回到我之前說的，在現今社會，車子除了是交通工具，畢竟還是一種身分地位的象徵。

　　買車，是絕大多數男人的人生目標、夢想，一部車陪伴你的時間短則三、五年，長則十年以上。一個人一生的開車時光平均30～40年，所以你的一生可能會擁有三、四輛車甚至更多。因此，買車、養車、換車，更是每個人都必經的歷程，花點時間了解關於車子的知識，可以讓你少花點冤枉錢，多享受一點安全與快樂！

《 嘉偉哥汽車保養知識小學堂 》

「開車只知道沒油要加油，車子一進廠保養、維修就怕被坑？」嘉偉哥親自講授你必須知道的汽車知識，了解車子的特性，讓你對待車子就像照顧有生命的寵物一樣，愈了解愈親密！

Q1 我的車應該多久進廠保養一次呢？各車廠所建議的里程數不盡相同，比如：Toyota是5千公里保養一次，VW是1萬5千公里回廠保養一次。為何會有這樣的差異？請問我需要依照原廠建議按時送車回廠保養嗎？

A： 不論你的車是3千公里需要回廠保養，還是1萬公里保養一次，只要你的車輛還在保固期內，我都會建議你就根據原廠的建議按時回廠保養。因為我看過很多例子，車主為了省錢到外面一般民間保養廠保養、換機油等，不幸車子引擎出問題，回原廠維

修，原廠一調出車輛紀錄，就發現這輛車都沒有按時回來保養，雖然你有外面保養廠的保養紀錄，但是你不是使用原廠機油，機油和引擎的問題關係密切，原廠自然有理由不履行保固，車主必須自費維修。因此，只要你的車子還在保固期內，我都建議你乖乖遵照原廠規定，按時回廠保養，以免因小失大，喪失保固權益。

那麼，過了保固期之後呢？我知道很多老車過了保固期就不回原廠保養了，因為回原廠保養很貴，國產車保養一次動輒兩、三千，進口車更貴，通常都會破萬，甚至我還聽過大保養一次10萬的。考量到預算，你也可以選擇在外面的保養廠進行保養。至於多久保養一次呢？我認為這要看個人的用車習慣來決定，3千、5千或1萬5千公里保養一次的標準其實不適用於每輛車，完全是因各人用車的習慣與環境而異。

舉個例子：A的家住在桃園交流道附近，A每天開車到位於台北內湖交流道附近的公司上班，所以

A的車子幾乎80%在高速公路上行駛，這時要恭喜A，A的車子的引擎是比較不會耗損的，只要A駕駛時不要以超速、超轉等暴力方式去駕駛這輛車子，行駛高速公路對於大部分車輛的引擎是相對低耗損的。那麼，對引擎損耗最大的因素是什麼？我認為是「塞車」。一般來說，在你每天早上發動車子的那一剎那和塞車時，是最容易對引擎產生過度磨損的時刻。我們再舉另外一個例子，假設B家住在忠孝東路四段，公司在內湖，B又每天朝九晚五，剛好都在尖峰時段開車，在路上走走停停，那麼B車的引擎耗損絕對比A還快，所以B車就要比A車更常進廠保養、更頻繁地更換機油，才能維持引擎的健康。

此外，很多人可能都忽略的另一項重點是引擎機油的選擇。關於引擎保養的效能，多久保養一次並不是關鍵，選擇合適的機油其實遠比你每3千公里就換一次機油、保養一次更為重要！至於如何選擇合適的機油？這個我會在下一個問題中說明。

Q2 保養時常遇到的換油和添水，也就是大家常說的三油、三水，三油、三水主要的功能為何？選擇與更換的標準為何？

A：其實，保養時的重點就是三油、三水。只要你能掌握好這幾項換油、添水的時機，就是成功的保養。同時，學會觀察車子油、水的狀態，也能幫助你了解車輛的健康狀態。

所謂三油：

1、機油（引擎油）

　　引擎正常運轉的關鍵就是「潤滑」，而機油最主要的功能就是潤滑。因此我說過，慎選機油遠比3千公里就保養一次更加重要。我們舉個簡單的例子，比如說，你的車是一輛2萬公里的新車，而你還在追求潮流，添加黏度指數0w30、0w40的機油，這就是錯誤的概念。這邊講個觀念，機油標號前面數字愈小的機油黏度指數愈低、愈稀；而數字

15、50（前面數字較大）的機油黏度指數愈高、愈濃稠。黏度指數低的機油，適合新車；黏度指數愈高的機油，則適合老車。

因為活塞在引擎內部一直不斷地上下來回運轉，金屬和金屬碰撞的時候，它必須靠潤滑油來保持運轉順暢。但是相對的，金屬摩擦久了，它還是會產生間隙，這時如果你用比較稀的機油會產生一個問題，就是當機油一被壓力打上來時，較稀的油容易穿過間隙，進入燃燒室，而這也就是為何老車會冒黑煙，因為機油燃燒不完全的關係。因此，車子老了，你應該要為它選擇濃度比較高的機油來添加，黏度指數高的機油比較黏稠、流動性比較慢，因此在引擎的間隙中，它能夠產生較好的潤滑，也不容易衝進燃燒室去燃燒。

不僅如此，車子「保養」的範圍涵蓋非常廣。除了按時進廠保養；我認為每個駕駛都要建立「自主保養」的觀念。平時在家裡的車庫或是停在路邊，你都可以對車子進行一些簡單基礎的保養。

例如：引擎油油箱的油尺一抽起來，首先，你就可以看到你油箱裡的油量夠不夠？其次，你可以拿一張衛生紙輕抹一下油尺，觀察一下機油來了解你引擎的狀態。如果機油很黑或是機油裡含有一些白色顆粒（有點像立可白），就表示你的引擎不太健康了。

2、 齒輪油（變速箱油）

齒輪油在變速箱裡面，我們看不到。而齒輪油和引擎機油最不同的地方是，引擎機油經過燃燒、爆炸、壓縮的過程，所以它會變黑，甚至當車子跑500公里，機油就會黑了；而變速箱油（齒輪油）在密閉空間裡，且沒有經過「熱」的運作，也就是沒有經過燃燒爆炸的過程，所以它完全不會髒，不論車子跑了幾公里，當你把變速箱油卸下來時，它都還是金黃色的。

有些人在保養時若看到技師把油卸下來時還是金黃色清澈的狀態，都會誤以為「咦？齒輪油還這麼乾淨，是不是太早換了？」其實，齒輪油一般來說，

建議 2 萬公里換一次，因為儘管它看起來很乾淨，但用久了，它的潤滑效能其實還是變差了，如果你不即時更換，變速箱的齒輪潤滑不足，就容易壞掉。舉個例子，就像鮮奶一樣，一杯過期的鮮奶和新鮮的鮮奶，雖然看起來外觀都一樣，但本質卻已經變得不同了。

3、 煞車油

引擎蓋一打開，我們可以看到一個煞車油壺，這個煞車油壺是透明的，壺上有一個上限和下限的刻度，如果刻度已經來到下限，那就要趕快添加，否則空氣可能跑進煞車油管中，造成煞車失靈。此外，煞車油還有一個特性，就是它會吸水，水來自大氣之中，而台灣潮溼的環境也容易使煞車油吸入過多的水氣，煞車油中的水氣太多一樣會使得煞車失效。

在此，順便說明一下煞車的原理：當駕駛者踩煞車踏板時，踏板會給所有的煞車管線產生壓力，煞車管路裡都是油，利用這樣的油壓去推動煞車的卡

鉗，卡鉗夾住車輪的碟盤，如此一來，車子才能從行駛中停下來。因此，當今天煞車油管中有空氣或是壓力變小了，都會影響煞車的敏銳度，如果你覺得煞車踩起來空空的，或是踩煞車踏板時出現「嘶──嘶──」的聲音，都表示車子的煞車油管有空氣進去，產生了間隙，在這種狀況下，開車上路是很危險的，建議立即進廠處理。

所謂三水：

1、雨刷水

雨刷水很簡單，這個大家應該都不陌生。當下雨天你要刷雨刷發現沒有水時，打開引擎蓋，一樣可以看到一個透明的雨刷水壺，上面同樣有刻度，直接加水進去就可以了。

2、冷卻水（冷卻液）

車子引擎運轉時，除了產生動能，也產生熱能。因此，車子需要有很好的散熱系統。當車子散熱不佳時，將會造成油耗增加，甚至引擎整個損毀，尤其

現在的車引擎大多是渦輪增壓，不像以前是自然進氣，所以當冷卻液不足時，對引擎的影響很大，因此，冷卻液在引擎運轉中扮演非常重要的角色。

冷卻液存放在引擎一打開即可看見的一個大水箱中，這個水箱是鋁製的，而且上面通常有皺摺，皺摺的設計在於提升散熱效果，並且保持水箱內的水循環流動。有時，我們會發現水箱上不明原因地出現很多小小的凹洞，這些凹洞是怎麼來的呢？其實大多是你在行駛高速公路時，可能跟在一輛砂石車後面，砂石車輪胎所噴起來的小砂石，從車底噴入，打到水箱而造成的。當這些小凹洞多了，水箱的散熱效果也會變差，需要留意。除此之外，車主也可以藉由自行觀察水箱中的狀態，更清楚掌握車輛的健康狀態。當你打開引擎蓋，打開水箱時，大致會出現下面幾種情況：

(1) 水箱的水很清澈，表示水箱很健康。

(2) 水箱的水上發現一層浮油，這代表引擎機油和水箱的水混到了，這種情況下，引擎室的油可

能跑進水箱中，相對的，水箱的水也有可能跑進引擎室。這時候，你就要趕快去檢查你的引擎了，引擎可能需要大修了。

(3) 水箱的水上漂浮著一層鐵屑，這代表你的車可能已經開了八年、十年，水箱太老了、生鏽了，這時候就要更換水箱。

(4) 發現水箱沒水了。這是最嚴重的一種情況，這代表你的水箱可能有漏洞或破洞，而造成內部沒有水，這時候也要立即進場維修。

雖然，觀察水箱水很簡單，但是切記一定要「冷車」時檢查。千萬不能在車輛行駛了一段時間後，突然停車打開水箱，因為車輛在行駛中，水箱的水溫很容易就會達到沸騰100度，大約你從內湖開到南港這樣不長的距離，水溫就沸騰了，此時你一打開水箱，沸騰的水會直接噴出來燙傷你。因此，再次強調，檢查水箱水時，一定要在一早出門前，車子尚未發動，「冷車」時檢查。

3、 電瓶水

最後一個是「電瓶水」。但是近幾年來比較不需要
在意了，因為現在的電瓶都是免加水的電瓶，大約
二年到二年半就要換掉。所以，嚴格來說，以前是
三油三水，現在應該只剩下三油兩水。

當然，目前還有一些老車還在使用添加式電瓶，它
需要添加一種類似電解質的液體，它的壽命比較
長，但是它也比較不環保。電瓶也就是電池，電池
是一種很不環保的東西，因為它報廢後很難自然分
解，隨意丟棄也會對環境造成汙染。這幾年汽車
電瓶的價格不斷地飆漲，以前可能900元、1,000
元；現在一顆都要3,000 ～ 4,000元了。

嚴格說來，現在是三油、二水了。只要你能掌握好
換油、添水的時機。並且，自己也能不定時地打開引擎
蓋，檢查一下機油油箱、冷卻水箱等部分，花一點時間，
幾個簡單的小動作，都能讓你時時掌握車子的健康狀態。

車子的呼吸環境決定保養的頻率

之前提到，車子過了保固後，多久要保養一次呢？我認為這沒有一個「放諸四海皆準」的統一標準，要依照駕駛人開車的習性、開車的時間，開車的路況和環境來決定。路況的影響在前面已經解釋過了，我想也是大家都比較能夠理解的，但大家也別輕忽環境對車子的影響。

車子和人一樣，它的引擎健康狀況和環境條件息息相關。你知道嗎？其實空氣汙染，也會造成引擎機油的耗損。因為車子也需要吸空氣進引擎室，進行燃燒爆炸後再排出，就像人需要呼吸一樣。因此，如果你住在砂石場附近，或你所開車的地點，在繁忙車多的大都市裡，空氣品質較差，則機油的衰退耗損就會比較快，就像你在市區的道路慢跑一圈，很可能臉就一層灰，鼻腔一定也髒了。所以，環境髒，車子保養、更換機油的頻率自然要提高。

什麼！車子也要換季嗎？

　　台灣的氣候特色是：夏天熱得不得了，冬天又冷得要命。而在氣候變化的季節，也就是「換季」時，是最佳的保養時機。車子跟人一樣，需要適應環境、需要換氣。我自己的保養小撇步就是：在季節交替、轉換的期間，就順便去保養換個機油，而換季時機油的選擇，也有它的道理在。

　　比較懂車的人應該都有個觀念，夏天時，要選用比較濃稠的機油，比方說我本來用5w50的機油，夏天時就改用10w50的機油，因為濃稠的油遇到高溫就會被稀釋，產生對引擎較適當的潤滑效果；冬天的時候，開車時引擎的溫度較低，這時就不需要用這麼濃稠的機油了。

　　愈濃稠的油，它的潤滑效果愈好，但油耗表現相對也會比較差（高油耗），因為液體在潤滑金屬時會產生阻力，愈稀的油，它在潤滑時所產生的阻力愈小（低油耗），而愈濃稠的油所產生的阻力愈大（高油耗），但是它的潤滑效果比較好。「潤滑效果」與「油耗表現」就像是一個蹺蹺板，很難取得平衡，所以最好的辦法就是：夏天用濃稠一點的機油，冬天就用稀一點的機油。

所以每當冷、熱轉換的季節，我就會藉此幫車子換個機油。我認為這個簡單的動作一舉數得，一方面幫車子換個黏度指數適合當下天氣的乾淨機油，一方面也趁機做個胎壓、胎紋檢測，以及輪胎對調等保養工作。執行起來也非常簡單，就像我們衣櫃裡的衣服需要換季、皮膚的保養品需要換季一樣。車輛保養也是相同的道理，一年就這兩次，分別是熱轉冷、冷轉熱的時刻，當你整理衣櫃換季時，也別忘了同時幫車子換個機油、做個整體的換季保養吧！

保養不要懶

　　所謂「懶」，並不是指進廠保養的次數太少；而是說，如果時間許可，你的愛車每次回廠保養時，你最好都可以看著技師在對你的車子做什麼，順便也問問他為什麼要這麼做。別每次回廠保養時，都只在休息室裡喝咖啡休息。即使我開過的車不計其數，但直到現在，只要是自己送車回廠保養，我都會親自在車子旁邊，看著技師工作，以便更清楚自己愛車的狀況。比方說，有一

次我看到技師在鎖車子右後輪輪胎的一根螺絲，我就問他說：「咦，那根螺絲怎麼會鬆掉？」技師立刻就回我說：「喔，你停車時，是不是習慣右後輪輪胎都會去靠著安全島啊？這樣的話，久而久之，這個螺絲自然就鬆了啊。」我馬上回想自己的停車習慣，好像真的是這樣，頓時恍然大悟：「喔，原來是這樣啊。」於是，下次停車時就會特別注意了。

所以，保養不只是你的車子在做健檢、保養，也是你為自己的開車習慣做個健檢、檢討的好時機！從保養時所發現的一些車輛小狀況，可以讓你知道，開車時的一些小習慣會在不知不覺間慢慢對車輛造成損耗；所以愈了解車子的情況，你就會愈注意自己的用車習慣，然後逐漸去修正自己的開車及養車習慣。再舉個例子，當看到技師在幫你加電瓶水，也可以立刻問他：「那是什麼？為什麼要加？」技師可能會回你：「你電瓶都快沒水了，你自己都沒在加喔。」這時你可能才想到：「難怪，我最近每天早上發車時都很難發動，原來是電瓶水的問題啊。」那之後是不是就會注意要定期添加電瓶水

的問題？或是當車子不好發動時，就知道要去檢查電瓶水，而不會任它消耗殆盡了。

很多小細節，在保養時你都可以順便請教技師，俗話說：「隔行如隔山。」技師都是車子的專家，厲害的技師從幫你把車開到停車位、頂起來的時候，就知道你的車大概有哪些問題了，甚至可以說得出來一些你開車習慣對車子造成的不良影響。就像是醫術高明的中醫師，一把脈就可以把患者的身體狀況、生活飲食習慣說得八九不離十，是一樣的道理。所以，趁著車子進廠保養時，多跟技師聊一聊、討教討教，才是明智之舉。

不同的駕駛者，造就不同的車子

我說過，從一輛車可以看出一個人的個性，以及他用車、養車的習慣。車子的好壞，跟車主怎麼去照顧也有很大的關係；我也說過要把車看成有生命、有個性的個體，你才會好好地去和車子相處、了解車子，也才知道如何妥善照顧它。同樣的一款車，給不同的人開三年後，結果都不同。有人可能會抱怨：「這輛車怎麼問題

一堆！」有人則開得很愉快，覺得一點問題也沒有。也如同一隻寵物，交給一百個人養，養出來的健康程度、個性都不一樣；同一個小孩給一百對父母去養，養出來的人格、表現、能力應該也都不同。

　　同樣的，車廠生產同一款一萬輛的車給一萬個人開，三年後回來，車況絕對也都不相同，道理很簡單，因為每個人開車、用車的習慣都不一樣。

　　我個人的用車習慣是，上班、回家都停室內車庫，按時保養，加上我車手的身分，對車子的敏感度高，常常一個螺絲鬆了，我就會立刻回廠，請技師幫我處理，技師通常也很驚訝：「你怎麼知道？」這是因為我對車輛行駛時直接傳遞給身體的感受很敏感，所以只要車子有點異常，我都可以發現。相反的，如果同一款車，給一個神經大條的人來開，他可能只知道車子沒油了，要進加油站加油，其他什麼不管，胎壓過低也無感、胎紋磨光了也沒發現。這種不同的養車態度，造就了差別，同樣的一款車，或許三年後，我的車轉手售價也許還可以賣50萬，而這個疏於養車的人，車子可能只剩30萬的價值了。

回原廠「自備機油」，可能引發保固危機

很多人為了省錢，回原廠保養還會「自備機油」。因為原廠機油一瓶要700～800元，而自己在大賣場買一瓶才99元，真的是差很大。好消息是，原廠也接受車主自備機油，讓你歡喜省了幾百塊錢，然而，你知道嗎？原廠也會在你的保養紀錄單上標記著「自備機油」，有朝一日，萬一不幸你的引擎出問題了，原廠會拿出你的保養紀錄，告訴你：「因為你沒有使用原廠的機油，可能衍生出的引擎問題，就不在我們原廠保固的範圍……」這個狀況，就算你告到消保官，原廠還是站得住腳的。所以，我認為實在沒有必要為了省幾百塊錢，去冒喪失保固的風險。為了您的新車保固權益，請留意也提醒身邊的朋友「自備機油」可能引發的保固危機。

原廠保養的保障與價值

之前提到的，保固期內消費者大部分回原廠保養；但是一過保固，很多消費者就不會回原廠保養了。其實，一般民間保養廠的技術和耗材品質也不見得比較

差，唯一的差別就在：萬一車子保養後出了問題，原廠絕對會比較具善意地承擔責任、幫忙解決問題，對消費者來說是比較有保障的。

我之前也看到不少保養糾紛的案例，前面談過一個例子，有個車主到民間保養廠更換機油，機油換好但是其中一個卸油螺絲沒鎖緊，車子一開出去，就一路漏油而造成引擎縮缸，原廠不提供保固，而民間保養場也不認帳；省了機油的幾百塊錢，引擎一顆卻要幾十萬，真是划不來啊。這樣的例子實在不少，所以如果你不在原廠保養，那麼千萬要慎選熟識、能負責的民間保養廠，否則還是回原廠保養，對你對車都比較有保障。

另外，有人會說：「原廠一瓶機油要700元，外面保養廠一瓶機油才200元，實在太不合理！」但是也要想想，原廠保養的環境整潔，你車子一開到就有專人接待，大多數車廠還有客戶休息等待室，供應咖啡、冷飲、點心等服務，對車主十分禮遇；外面私人保養廠有這些額外的服務嗎？所以機油的「價差」是必然的。就像你在路邊攤吃一碗擔仔麵，和在五星級飯店吃一碗擔

仔麵，價錢也是差很大，道理是一樣的。在此我強調的是，消費者應該認真去思考回原廠保養所能帶給你的服務與保障是否值得，光只是比較價格高低，或是在外面保養場保養後，車子出問題了，又回來抱怨原廠不處理等，這都是不理性的行為。

　　回原廠保養，的確價格較高，但是也的確提供給更優質的保障和服務，要怎麼選擇？端看消費者能不能看見價格背後的價值了。

後記一

2016.10.12
嘉偉哥的試駕工作直擊
── 小編的體驗實錄

　　台北的天空陰陰暗暗的，一早就下起了不小的雨。小編打電話給嘉偉哥的祕書Bobo詢問今日的試駕工作是否如期進行？Bobo說：「是的，我們風雨無阻。」

9：30

　　《Go車誌》的兩位汽車編輯到車廠取車。本次預約試駕的車款是眾所期待的2016新改款的 Honda Accord Hybrid。

10：00 ～ 12：00

　　順利取得試駕車後，兩位汽車編輯先將車子拉到大佳河濱公園，拍攝車體外觀、內裝等細部影像後，再將車開回公司停車場。

13：30

　　嘉偉哥在公司看完新車資料後，上車試駕。嘉偉哥駕駛著試駕車Honda Accord，同車的副駕駛座和右後座，乘坐著兩位汽車編輯。

　　小編則坐在嘉偉哥祕書Bobo的車上，一路在後方跟車。我們從內湖駛上高速公路，天氣狀況並不很好，灰暗的光線中，一直下著大雨，擋風玻璃上的雨刷忙碌地來回急刷著。Bobo說：「嘉偉哥在這一小段駕駛的過程中，就已經可以了解這輛車八、九成了。同時嘉偉哥也會與同車的汽車編輯說明、討論車輛的性能表現。」我們坐在後車跟車，可以觀察到嘉偉哥駕車時的穩定、熟練，也可以看出他在安全的範圍內，試圖測試車子在變換車道、瞬間加速時的表現。

　　「雨天拍攝試車影片，會不會影響效果？」小編問。Bobo說：「其實，雨天有雨天的美，看拍攝者的功力。而且，雨天試駕的好處是可以測試車輛在雨天行駛時的表現和穩定性。」

　　在車上，小編和Bobo也聊到了最近台灣車界的一件憾事——有一家汽車媒體在試駕Honda NSX時，把試駕車撞壞了。Honda NSX號稱「東瀛法拉利」，是最近相當有話題性的千萬超跑。這輛車現下正進行世界巡迴試駕，沒想到竟在台灣被撞壞，這真是震撼世界車壇的新聞事件。Bobo嘆了口氣說：「這種事正是嘉偉哥最在意的。因為，現在很多汽車媒體的編輯都很年輕，拿到試駕新車，容易因為開心而有疏忽，可是這點，對所有《Go車誌》的工作人員而言，是絕不能犯的錯誤。因為嘉偉哥自己對於試駕車都是十分小心、愛護的，所以他也是這樣要求公司所有的年輕編輯們，開試駕車一定要謹慎、再謹慎，任何試駕車的碰撞、擦傷等，都是公司的大忌！」

　　Bobo還提到了嘉偉哥對員工的要求，除了對試駕車一定要小心愛護，還有一點是「絕不八卦」。Bobo表示，大家都知道媒體圈最多流言蜚語，嘉偉哥雖然在媒體圈幾十年，但他始終專注在自己的工作領域裡，秉

持著不嚼舌根的原則，也不介入無關乎專業的是非。因此他同樣要求員工和其他媒體間不要存在不必要的口舌是非。正如嘉偉哥過去所談到的：「永遠不要以公眾人物自居，做汽車媒體這一行，一定要時時提醒自己：『車子才是真正的主角』。」小編認為，要在混亂的媒體圈中堅持這樣的原則相當不容易，但或許正因為嘉偉哥堅守住了這個原則，所以在這個圈子他才能獨樹一幟，堅持說想說的、做自己想做的媒體，成為一個標竿，走得長長遠遠。

14：00 到達目的地

在高速公路開了一小段之後，我們一行人下了木柵交流道，來到動物園的河堤畔。原本預定要去木柵山上的，但因為天氣不好而臨時更換場地。到了河堤畔的空地後，看到嘉偉哥駕車連駛了幾個S型，然後瞬間加速一小段路，繞了一圈後，迅捷地將車停定。接著，只見助理下車，迅速地架設攝影器材做好拍攝工作的準備，嘉偉哥則坐在駕駛座上，5、4、3、2、1……之後就開

▲ 嘉偉哥與汽車編輯拍攝試駕影片現場。

始講評這輛車。這一段約莫錄了10～15分鐘，嘉偉哥詳盡地講解車輛的配備及試駕時的表現，並展示方向盤、中控台大小按鍵的各項功能與操作。整段拍攝一鏡到底，過程中沒有吃螺絲，當然也沒有NG，這讓我們真正見識到嘉偉哥講車時的專業風範與深厚功力。而這樣零失誤的錄影品質，也讓後續的影片剪輯工作變得簡易許多。

　　上述僅是完成第一段的影片錄製，之後，嘉偉哥坐進後座，實際體驗並呈現後座座椅的大小、頭枕的高度，藉此讓觀眾可以清楚地觀看到後座的空間感與舒適度。再來，嘉偉哥走出車外，在斜風細雨中解說車體的整體外觀設計，並打開引擎蓋講引擎，最後是介紹後車廂的空間大小與規劃。

　　整個拍攝過程大約耗時一個半小時，其流程與內容，透過剪輯之後，大約兩、三天就要上傳到網路上，也就是大家在各大入口網路平台上觀看到的《Go車誌》試駕影片了。

▲ 錄製《Go車誌》影片的現況。

後記二 **小編的體驗實錄心得**

　　嘉偉哥在試駕工作時，態度是十分嚴肅、不苟言笑的。過程中能感受到嘉偉哥對於車子的重視，以及試駕工作的敬業表現，絲毫沒有因為自己已是車評專家就大意、草率地來應對。這讓我想起了嘉偉哥曾經說的話：「我拿到每一輛車子，都是憑著良心照實講，畢竟有很多網友，是因為看了我的車評而去買車，我當然不希望他們買了之後，覺得車子跟我講的有落差。所以，我怎麼能隨便講呢！」

　　整場試駕，嘉偉哥唯一一次的分心，就是他請編輯拿了兩把傘給小編和同事，似乎是對於我們在雨

▲ 嘉偉哥貼心地請汽車編輯拿傘給小編。

天來跟拍採訪，感到有些過意不去。他態度平淡，也不矯揉造作地表現出客氣，卻讓我們看見他性格中待人體貼、溫暖的那一面。

《Go車誌》平常到底有多忙？Bobo讓小編看《Go車誌》接下來兩個月的工作排程，果然是行程滿檔、非常忙碌啊！難怪即使天氣不佳，試駕活動依舊風雨無阻地舉行。小編問：「嘉偉哥都不休假的嗎？」Bobo說，現在已經盡量不安排假日活動，讓嘉偉哥可以週末休息，至於嘉偉哥在難得的休假日都做些什麼？Bobo說：「其實嘉偉哥蠻『宅』的，大部分的時間都在家陪伴家人，若要說興趣的話，那應該是『看飛機』。」說著，她秀出了手機上可以即時觀看飛機航線定位的APP軟體，真是讓小編大開眼界。

這次的試駕直擊採訪，非常感謝嘉偉哥與《Go車誌》的團隊，尤其是祕書Bobo的協助。由於嘉偉哥與編輯們都相當專心地投入試駕工作，小編的疑問都由Bobo從旁協助解答，也因此，小編才得以能更深入了解嘉偉哥的日常與工作態度。

國家圖書館出版品預行編目（CIP）資料

不怕從零開始：朱嘉偉與他的 GO 車誌 / 朱嘉偉作 .
-- 初版 . -- 臺北市：沐風文化，2017.01
　　面；15×21 公分

ISBN 978-986-94109-0-8(平裝)

1. 朱嘉偉 2. 臺灣傳記 3. 汽車業

783.3886　　　　　　　　　　105023290

不怕從零開始：
朱嘉偉與他的 GO 車誌

作　　者	朱嘉偉
文字協力	陳聖怡
總 編 輯	張彤華
特約編輯	王靖婷
行銷企畫	朱宸鋒、顧克栞
封面設計	無私設計　洪偉傑
編排設計	無私設計　洪偉傑

出　　版　沐風文化出版有限公司
　　　　　地址：100 臺北市中正區泉州街 9 號 3 樓
　　　　　電話：02-2301-6364
　　　　　傳真：02-2301-9641
　　　　　讀者信箱：mufonebooks@gmail.com
　　　　　沐風文化粉絲頁：https://www.facebook.com/mufonebooks
總 經 銷　紅螞蟻圖書有限公司
　　　　　地址：114 臺北市內湖區舊宗路二段 121 巷 19 號
　　　　　電話：02-2795-3656
　　　　　傳真：02-2795-4100
　　　　　服務信箱：red0511@ms51.hinet.net
印　　製　龍虎電腦排版股份有限公司
初版一刷　2017 年 1 月
初版三刷　2017 年 1 月

ISBN：978-986-94109-0-8（平裝）
Printed in Taiwan
定價：　360 元